EDITS DE POLICE

DE LA

Ville de Montreuil-sur-Mer

1419-1519

PAR

GEORGES DE L'HOMEL

ÉDITS DE POLICE

DE LA VILLE DE MONTREUIL-SUR-MER

ADMINISTRATION MUNICIPALE

ÉDITS DE POLICE

DE LA

Ville de Montreuil-sur-Mer

1419-1519

PAR

GEORGES DE LHOMEL

Membre de la Commission des Monuments historiques du Pas-de-Calais
Membre associé correspondant national des Antiquaires de France
Membre correspondant de l'Académie d'Arras

ABBEVILLE

IMPRIMERIE LAFOSSE ET Cⁱᵉ

1901

AU LECTEUR

Nous devons à l'obligeance de notre consul monsieur Quenson de la Hennerie, ancien conseiller général du Pas-de-Calais, la publication des édits de la ville de Montreuil, de 1419-1519 et nous lui en adressons nos plus sincères remerciements.

D'autres édits avaient été déjà rendus à une date antérieure, puisque dans un compte de l'échevinage de 1336, que nous donnerons dans notre essai sur la municipalité montreuilloise, nous avons trouvé dans les « vallues » de la ville, le paiement d'amendes infligées à plusieurs marchands pareurs, drapiers, fripiers, poissonniers, etc.

Le manuscrit que nous publions, sur papier jaunâtre et d'une écriture de la fin du XVI⁰ siècle, se compose de 117 feuillets non compris celui de la table et mesure 0.18 centimètres de largeur sur 0.27 centimètres de hauteur.

Il fait partie de la magnifique collection de notre oncle M. Charles Henneguier, de Montreuil-sur-Mer, mort en 1872.

Copié par un scribe, qui lisait mal l'écriture du XV⁰ siècle, ce manuscrit est rempli de fautes d'orthographe et de transcriptions, que nous avons crû pourtant devoir conserver en partie.

Plusieurs mots laissés en blanc ont été ajoutés dans une seconde lecture, par une autre main malheureusement peu expérimentée ! Aussi le lecteur trouvera-t-il dans le texte même des passages peu compréhensibles.

Les élections municipales, qui, avant Saint-Louis, avaient lieu à Montreuil le dimanche des Brandons, furent reportées au

28 octobre, c'est-à-dire le jour Saint-Simon Saint-Jude de chaque année, par une ordonnance de 1262. [1]

Après la Saint-Martin, l'échevinage commençait la publication des édits, qui se faisait devant le commun assemblé à cet effet. [2]

Le livre des édits comprend deux parties : la première donne la date de leurs publications jusqu'en 1519 avec un grand nombre de noms de maires et la seconde est divisée en soixante articles différents.

Ces édits s'adressent aux boulangers [3], meuniers, mesureurs,

1. Colonel Borelli de Serres, Recherches sur les divers services publics du XIIIe au XVIIe siècle.

2. Livre de la Femme, en 1115.

3. L'échevinage rendait très fréquemment des ordonnances sur le pain : Le 4 novembre 1591, il prend un arrêté pour remédier aux friponneries des boulangers, qui vendaient avec un poids faux le pain blanc qui devait peser 15 onces et qui n'en pesait que 8 onces. Le 9 décembre de la même année, vu la cherté du bled, il est défendu aux boulangers de faire du pain blanc et il leur est ordonné de ne faire qu'une sorte de pain qui est du pain biset (id.) — 28 août 1639, règlement pour boulangers, taverniers et bouchers (mss Le Fer, Extraits des délibérations de l'échevinage). — Le 6 février 1641, règlement sur le prix du pain. Il est décidé que le petit pain blanc du poids de 7 onces sera vendu 12 deniers (id.) — Les 30 septembre 1656, 5 septembre 1662, 7 décembre 1689, 5 mai 1690, etc. etc. (Règlements et taxations du pain (id.) — 1694 (29 juillet) règlement pour les boulangers (id.) De 1708 à 1791 on en trouve un très grand nombre et de février 1790 à 1793, la municipalité taxait le pain tous les huit jours. (Édits de police.)

L'édit suivant qui s'adresse d'abord aux boulangers est si intéressant et si complet que nous avons voulu le reproduire en entier.

Édit du 2 novembre 1700 :

Deffences aux boulangers, cuisiniers, revendeurs et revenderesses d'achepter ailleurs que dans les marchez le jour du marché et après la cloche sonné, ny dy paroître pour quelque raison que ce fût, à peine de trois solz d'amende pour la première fois de confiscation des denrées acheptz.

Deffences aussd. revenderesses d'y porter leurs bancs ny rondelles que la cloche sonne, à peine d'estre lesd. bancs et rondelles confisquez.

Deffences aux blatiers, giboyeurs et autres qu'ils ne sont pas de la ville et qui acheptent pour revendre ailleurs, de se trouver ny d'achepter qu'une heure après la cloche sonne, à peine de dix livres d'amende et de confiscation.

Deffences à tous bourgeois et habitans de favoriser aucune personne pour contrevenir aux présens règlemens soit en prestant leurs mains ou en recellant les marchandises ou denrées acheptées, à peine de 20 livres d'amende pour la première fois.

Enjoint à touttes personnes de quelques qualitéz qu'ils soient, de faire porter les terres et fumiers qui sont devant ou derrière leurs tennemens, en sortes que les rues soient nettes et de niveaux jusqu'aux ruisseaux, à peine de dix livres d'amende tant entre les propriétaires que locataires sans que l'amende puisse être modéré et c'est en dedans le dix de mois à jusques aud. jour dix de ce mois, enjoignons toutes personnes de balier journellement leurs portes depuis une heure jusqu'à trois heures après midy, à peine de vingt solz d'amende pour chacune fois qu'ils y manqueront, après lequel temps ils ne seront tenus que de balier deux fois la semaine les mercredis et samedis après midy et trousseront les ordures et balieures pour les amonceller de leurs tenemens et trouveront leur devantures toujours nettes, à peine de sept solz six deniers d'amende.

Enjoint aux communautez et marguilliers des paroisses, de faire balier ainsy que dessus et tenir propre et net autour du contour de leurs communautez et eglises, sous pareille peine.

Deffence de jetter aucune ordure le long des eglises, aux pieds des crois et le long des murs, à peine de sept solz six deniers d'amende, les pères et mères contraints pour leurs enfans.

Enjoint aux propriétaires et locateurs qui ont ou qui tiennent des maisons de la valleur de 20 livres dans les grandes rues, de faire faire des latrines en dans deux mois, à peine de 20 livres d'amende.

Deffences aux bouchers qui demeurent hors la rue des bouchers de tuer et d'adouber dans leurs maisons ny ailleurs que dans ladite rue, à peine des confiscations des bestiaux et de 20 livre d'amende : leur est enjoint de porter les excremens et uiny tous les jours à la rivière dans des vaisseaux bien couverts

Deffences de tenir aucun porcq dans le corps de la ville et aux chartreux de tuer les routiers les porcqs hort pont ... que pour les bourgeois, ailleur que pour le regoust du petit hospital, à peine de ... livres d'amende et de confiscation.

Enjoint à tous les particuliers qui ... meurent dans les rues où les tombereaux ne vont pas ordinairement, de porter deux fois la semaine les ordures dans les endroits qui leur seront marqués.

Deffences à toutes personnes de mettre aucun fumiers dans le milieu des rues à peine de trois livres d'amende et de ne laisser aucune terre ... par ny fumiers, plus de vingt-quatre heures dans la suitte, permettons néanmoins à ceux qui n'ont pas de cour ... où sont leurs escuries, de tenir les fumiers le long de leurd. escuries, à la charge de le faire charier tous les quinze jours.

Enjoint à tous les Mrs esgards de faire toutes les sepmaines leurs visittes, à peine de trois livres d'amende et de répondre de malversation.

Et aux brasseurs de ne point entonner leurs bières qu'ils n'ayent esté advertir les Mrs esgards, pour connoltre s'il n'y a point de suif ny de cheaux et autres choses telles qu'elles puissent estre que le grain, à peine de 20 livres d'amende.

Deffences aux vendeurs d'eau-de-vie de mettre aucune chose dans les eau-de-vie soit pour leur donner couleur ou prétendu force, à peine de 50 livres d'amende et de confiscation.

Enjoint à toutes personnes de suivre au surplus les anciens réglemens qui ne sont pas icy exprimés à peine de trois livres d'amende.

Lesquels réglemens seront exécutés non obstant opposition ou appellation quelleconque, attendu qu'il s'agit de police et du bien publicq. (Audiences de l'échevinage). — 1700 (21 juin) taxe du pain : A été publié ce qui ensuit : de par monsieur le maieur et les eschevins, on fait commandement à tous les boulangers de cette ville de ne point vendre la livre de leurs pain blanc poids de marc fait avec du pur froment à plus haut pris que deux solz, celle de bis blanc fait avec du fort méteil à un sol trois deniers, celle de bis fait avec du méteil à neuf deniers, à peine de 60 solz parisis d'amende et confiscation de leurs dits pains ; faisons deffence à tous les cabarettiers, traitteurs et aubergistes de ne point prendre plus d'un liard de proffit sur un pain d'une demy livre à proportion sur ceux de plus grand poidz, à peine de pareille amende de 60 solz parisis.

4. Le 26 mai 1687, sentence de police contre les meuniers de la ville. (Police de l'ancien échevinage. Arch. de l'hôtel de ville).

5. Le 11 mars 1723, édits pour les mesureurs (Audiences de l'échevinage. Arch. de l'hôtel de ville). — 7 septembre 1724 (id.)

éleveurs de pourceaux et autres bêtes, barbiers[1], taverniers[2], vendeurs de vins, joueurs aux dés, brasseurs de cervoises[3] et de goudales, bouchers[4] et candeliers, pâtissiers, poissonniers[5], maçons, marchands de moutarde et autre chose[6], doubliers, marchands de charbons, fagots et lattes[7], batteurs de vergues, drappiers de

1. Le 24 juin 1696, enregistrement à l'échevinage du règlement des maîtres barbiers de la ville (mss Le Ver).

2. Défense aux cabaretiers, le 19 juin 1598, de vendre bière venant d'Angleterre, soit en gros, soit au détail, sous peine de confiscation et d'une amende (mss Le Ver. Extraits des délibérations de l'échevinage. Le 11 octobre 1620, l'échevinage fait un règlement de police pour les cabaretiers (id. — 16.. (2 décembre) règlement pour les cabaretiers, taverniers (id.) — 1611 (20 mars), règlement et taxe sur les denrées et fourrages pour les cabaretiers (id).

3. En 1422, les officiers municipaux commencent à taxer la bière malgré l'opposition des brasseurs. Le maximum de leur bénéfice fut calculé sur leurs dépenses et débours par brasseur de bière, après épreuves faites en présence des jurés d'office. (Lepès, Hist. de Montreuil, p. 206.) — 1590 (28 février) règlement pour les brasseurs. Ordre leur est donné de ne faire que deux sortes de bière et de ne mettre aucune drogue dedans, savoir la bière double et simple et de vendre la double .. sols le baril et la simple .. sols (mss Le Ver). — 1598 (19 juin) commandement aux brasseurs de faire de la bonne bière (id.) — 12 mai 1621, règlement de l'échevinage pour les brasseurs (id.) — 1671 (1 décembre) règlement et taxation des brasseurs. — 11 décembre 1710, arrêt de la cour des aides de Paris qui confirme la sentence des élus de Doullens du 29 juillet 1728, et ordonne que les droits d'augmentation, jauge et courtage et autres droits à la vente, seront payés à la fabrication et enlèvement des bières déclarées être brassées pour la provision des bourgeois de Montreuil dans les brasseries et chaudières des brasseurs et des cabaretiers.

4. Règlement des maîtres bouchers, enregistré le 22 juin 1680, à l'échevinage de Montreuil. 1681 (12 février) règlement pour les bouchers (mss Le Ver). — 21 février 1681, règlement pour les bouchers pendant le carême (id.) — 1682 (12 février) id. — 1686 (11 septembre), sentence de police portant confiscation et amende contre Pierre de Hesmont maître boucher, pour avoir exposé en vente la chair d'une vache enragée. (Police de l'ancien échevinage. Arch. de la ville). — 1687 (11 février), taxation de la viande de boucherie pour le carême (id.) — 1691 (9 février) taxation du bœuf, du mouton, du veau, etc. (mss Le Ver). — 1691 (22 février), taxation de la viande (id.) — 1692 (21 février et 1er mars (id.) — 1722 (24 janvier, id. (mss Le Ver), etc., etc.

5. Le 23 mai 1724. Police de la poissonnerie (Audiences de l'échevinage).

6. 1598 (28 octobre). Injonction est faite aux faiseurs de moutarde de ne tremper semencé qu'avec du vinaigre ou vertjus).

7. Le 10 mars 1725, ordonnance pour les fagots ; Par devant messieurs le maieur et échevins de cette ville de Montreuil.
S'est présenté le sr Nicolas Lefebvre, Md du Renard de cette ville de Montreuil, lequel nous a remontré que l'on a déchargé chez lui cejourd'hui un cent de fagots qui ne sont point de la manière porté par les règlements de la ville, notamment celui du 21 novembre 1724, ce qui estoit contre l'intérest du publique, pourquoy il a requis que les dit fagots soient jugé pour en connoître la déffectuosité ; avant faire

droit sur la connoissance, ordonnons qu'il en sera communiqué au Procureur du Roi, lequel aux charges de sa réquisition, et ce que nostre faisons seront pour pour connoistre au nom s'il a aucuns effectivement de la deffectuosité, nous, ayant égard à la dite connoissance et réquisition, ordonnons qu'autres facultés seront jugé par le pancour et ... ordinaire de la ville, pour ce faire assemblé, et ordonner ce qu'il appartiendra et au cas de deffectuosité pour la police, demeureront lesdits fagots confisqués en mains dud. Lefebvre pour par ledit Procureur du Roi prendre ce après cette connoissance contre qu'il appartient, ce que a ... droit par audience extraordinaire sur la connoissance du sieur Lefebvre, et ce que ... du Procureur du Roi qui ont signé avec nous.

Signé : Lefebvre, Boudon, Dupuis.

Et à l'instant.

Confiscation d'un cent de fagots.   Du jour et an par devant que dessus, le Procureur du Roi de la mairie au conflict du Procureur du Roi de police, requis.

Veu le procès verbal de visite fait des fagots, ce jourd'huy par Claude Hactolle, sergent à verge, déchargé chez Nicolas Lefebvre, par lequel il paroit que lesd. fagots ne sont point de la hauteur et grosseur portées par le règlement du 21 novembre dernier, qui porte que les fagots qui entrent dans la ville venant du gouvernement, doivent estre outre cinq à six paumes par la bûchette au moins trois pieds et demy de parnille outre deux coupes et demy hausse sans moindre estre quatre paumes, la paume estant de quatre pouces et le pied de onze et que lesdits fagots déchargés chez led. Lefebvre n'estoient suivant led. procès verbal que de la grosseur de quatre paume et deux et de parment trois pied deux pouces, pourquoi le Procureur du Roi attendu l'intérêt publique, a conclud à ce que lesd. fagots soient confisqués, comme n'estant de la grosseur et hauteur dudit règlement et qu'il soit fait deffense à tous particuliers et aux charretiers d'en apporter en cette ville qu'ils ne soient conforme aud. règlement à peine contre les vendeurs de confiscation et de trois livres d'amende et contre les charretiers de trois livres aussi d'amende, nous, ayant égard à ladite réquisition et conclusion du Procureur du Roi, avons lesdit fagots déclaré confisqué au profit de Reverends Peres Carmes de cette ville, réitérons les deffenses cy devant faite à tous vendeurs et charretiers de faire entrer en cette ville aucun fagots ny lignes de mont, qu'ils ne soient conformes aud. règlement aux peines y portés et aux bourgeois et habitants d'en achetter et au surplus permis aud. procureur du Roi, de se pourvoir pour raison de ce contre et ainsy qu'il avisera pour l'amende, arresté extraordinairement s'agissant de fait de police les jour et an au moyen de notre présente sentence led. Lefebvre demeurera deschargé desd. fagots.

Signature : Dupuis, du Hamel, Boudon.

Le 9 décembre 1700. Deffence à toute personne de faire entrer par la porte de France tant pour son usage que pour vendre et revendre aucuns fagots ny ligne du mont qu'ils ne soient loyals marchauz, sçavoir les lignes de mont de 7 pieds de long et qu'ils ne soient de terrain, les fagots de cinq à six paumes et au moins de cinq paumes et demy de grosseur, la paume contenant quatre pouces et de trois pieds et demy de parure entre deux coupes d'un demy pied de ouches et le dedans sans feuil ny broussaille et les parures au moins d'une grosseur raisonnable.

Deffence de faire entrer aucun glans (bûches) de bois rond qu'elles ne soient jaugé, sçavoir la première marque de sept pouces et demy de grosseur par le petit bout à demy pied et les autres à proportion, sans qu'ils en puissent ny en avoir au-dessus de quatre marques, lesd. glans de quatre pieds et demy de long entre deux coupes, le tout à peine de confiscation, permis de faire entrer du gros bois refendu et le vendre à la mesure seulement et sans estre marqué.

Deffences aux voituriers d'aporter aucun bois à brûler qu'ils ne soient de la condition susdite et de ne point mettre au-dessus les meilleurs fagots pour parer leurs voitures et tromper les achepteurs, à peine de trois livres d'amende, permis laniers[1], chaussetiers, teinturiers, tisserands de draps[2], pareurs, courtiers, vendeurs de toailles, quenouilliers, viertiers, plettiers, tanneurs, corroyeurs et cordonniers, charretiers[3], cordiers, marchands de poivres, selliers, fèvres (ouvriers en fer), potiers de terre et couvreurs de tuiles, potiers d'étain, ouvriers de cire, orfèvres, revendeurs, charpentiers et menuisiers.

Sont inscrites aussi des ordonnances de l'échevinage pour les chemins, chardons, avocats, chevaux et bateaux de louage, pois[4] et mesures, fumiers et ordures, couvertures des maisons et édifices de la ville, les coutumiers, etc., etc.

Dans la suite, l'échevinage continua à publier un grand nombre d'édits qui, malheureusement n'ont pas été conservés.

Au XVIIe siècle, de nombreux règlements de police avaient été faits, mais le marquis Le Ver, en prenant des extraits dans les registres des délibérations de l'échevinage, ne les a pas transcrits. Il s'est contenté de dire qu'il en avait vu un grand nombre dans les registres de 1724, 1725, 1726, etc.

à ceux qui ont du bois sec et façonné de l'année passée de le faire entrer endans le mois de décembre, en sorte que au premier de janvier mil sept cens un, il n'en peut entrer que de la qualité sus-dite. (Audiences de l'échevinage).

1. 1660 (9 avril). Règlement municipal pour les sergiers et drapiers et nouveaux statuts donnés par la municipalité de la ville aux sergiers et drapiers, pour les encourager à relever leurs manufactures, qui avaient été désolées (sic) par les guerres passées « ce par forme de provision pour estre establis (sergiers et drapiers) en ladite ville en corps et communauté, conformément à leurs anciens statuts, enregistrés sur un des cartulaires de la ville en 1408. (Arch. de l'hôtel de ville de Montreuil. Police de l'ancien échevinage). — Le 2 juin 1731, lettres patentes du roi sur le règlement pour les serges, droguets, barracans, callemandes et autres étoffes qui se fabriquent en Picardie, à l'exception de la ville d'Amiens. Parmi ces villes se trouve Montreuil.

2. Le 20 juillet 1640, règlement pour les tisserands (mss Le Ver).

3. Le 16 septembre 1590, délibération de l'échevinage pour les savetiers. (mss Le Ver. Extraits des délibérations de l'échevinage). Le 3 novembre 1662, sentence de règlement de police entre les maîtres cordonniers et les maîtres sueurs de viel. (Arch. de l'hôtel de ville. Police de l'ancien échevinage).

4. Le 5 mars 1722, règlement pour la vente des denrées, poids et balances (mss Le Ver).

Nous le regrettons beaucoup pour notre essai sur la municipalité, qui aurait alors offert au lecteur un bien plus grand intérêt[1].

[1] Le marquis Le Ver dit que dans le registre de l'échevinage commençant le 23 janvier et finissant le 14 décembre 1724, ne se trouvaient que des règlements de police, dans celui du 25 janvier 1724 — 14 octobre également, ainsi que dans celui commençant le 7 février 1725 — et finissant le 5 janvier 1726

ÉDITS

DE LA VILLE DE MONSTREUL

faits et renouvellez en la premiere mairie Mᵉ Jehan de France, en laquelle il entra le jour Saint Simon Saint Jude l'an mil CCCC et dix neuf et issit par un tel jour, l'an mil CCCC et vingt.

Renouvellé en la seconde mairie Mᵉ Jacques de Saisy, en laquelle il entra le jour Sᵗ Simon Sᵗ Jude, l'an mil IIIIᶜ et XXXIII.

Renouvellé en la quatrieme mairie Sire Pierre Pocholle, en laquelle il entra le jour Sᵗ Pierre¹ Sᵗ Jude, l'an mil IIIIᶜ et XXXIIII.

Renouvellé en la premiere mairie Mᵉ Jehan de Bours, licencier és loix, en laquelle il entra le jour Sᵗ Simon Sᵗ Jude, l'an mil IIIIᶜ et LII, et passé sans opposition ne contredit.

Renouvellé en la IIIᵉ mairie Mᵉ Jehan de Bours, licencier és loix, le dimenche XVIᵉ jour de novembre, l'an mil IIIIᶜ LXVI.

Renouvellé en la IIIIᵉ mairie de Mᵉ Jehan de Bours, licencier és loix, en laquelle il entra le jour Sᵗ Simon Sᵗ Jude, l'an mil IIIIᶜ LXVII, et publié au lieu accoustumé en l'eschevinage de la ville, present le peuple, le penultieme jour de novembre dudit an.

Renouvellé en la VIIᵉ mairie de Mᵉ Jehan de Bours, licencier és loix, en laquelle il entra le jour Sᵗ Simon Sᵗ Jude, l'an mil IIIIᶜ LXX, et publié au lieu accoustumé en l'eschevinage de ladite ville.

Renouvellé et publié és années LXXI, LXXII, LXXIII et LXXIIII au lieu accoustumé, en l'eschevinage, present le peuple, ledit Mᵉ Jehan de Bours, majeur..... en bref temps aprez le Sᵗ Simon

---

1. *Lire Saint Simon au lieu de Sᵗ Pierre, qui est une erreur du scribe.*

S' Jude..... le XXe jour de novembre oud. an LXXIIII. Unzieme mairie dudit M° Jehan de Bours.

Renouvellé et publié en l'an LXXV au lieu accoustumé, en la premiere mairie de M° Jehan Dannel, licencier ès loix, majeur.

Renouvellé ès anndes IIII^{xx} et IIII^{xx} I. Sire David Le Burier, majeur.

Renouvellé ès anndes IIII^{xx} II, III, IIII et IIII^{xx} cinq, M° Nicole de Bours, licencier ès loix, sieur d'Anchin et de Montahay.

Renouvellé en la premiere mairie de M° Nicaise Hourdel, licencier ès loix, sieur de Bertronval, en laquelle il entra le jour S' Simon S' Jude l'an mil IIII^c IIII^{xx} et IX.

Renouvellé en la IXe mairie de maistre Nicole de Bours, sieur d'Uvergny et de Montfelon, en laquelle il entra le (jour) S' Simon S' Jude, l'an mil IIII^c IIII^{xx} et XI.

Renouvellé en la VIIe mairie de M° Nicaise Hourdel, licencier ès loix, sieur de La Motte, de Bertronval, du Fay et de Ste Guertrude, en laquelle il entra le jour S' Simon S' Jude, l'an mil IIII^c IIII^{xx} XVIII.

Renouvellé en la IIIe mairie de Sire David Le Burier en laquelle il entra le jour S' Simon S' Jude, l'an mil IIII^c IIII^{xx} XIX.

Renouvellé en la IIIIe mairie de Sire David Le Burier, en laquelle il entra le jour S' Simon et S' Jude, l'an mil et V^c.

Renouvellé en la premiere mairie de Sire Emond de Hezecque, s^r du Bus et de Machy, en laquelle il entra le jour S' Simon S' Jude, l'an mil cincq cens et ung.

Renouvellé en la VIe mairie de Sire David Le Burier, en laquelle il entra le jour S' Simon S' Jude, l'an mil cincq cens et sept.

Renouvellé en la IIIIe mairie de M° Jehan Le Noir, licencier ès loix, advocat du roy notre sire, sieur de le Wastine et de Wits, en laquelle il entra le jour S' Simon S' Jude, l'an mil cinq cens et onze.

Renouvellé en la premiere mairie de mons^r M° Nicole Hourdel, licencier ès loix, en laquelle il entra le jour S' Simon S' Jude, l'an mil cinq cens et douze.

Renouvellé ès seconde, IIIᵉ et IIIIᵉ mairie dudit Mᵉ Nicole Hourdel, ès quelles il entra le jour Sᵗ Simon Sᵗ Jude, an Vᶜ XIII, XIIII et XV.

Renouvellé en la premiere mairie de Andrieu de Bachincourt¹, escuier, sieur de Braulcourt et de Fontaines en partie.

Renouvellé en la sixiesme mairie de Mᵉ Nicole Hourdel, licencier ès loix, en laquelle il entra le jour Sᵗ Simon Sᵗ Jude, l'an mil cinq cens et dix-neuf.

---

1. Lisez *Bachimont*.

PREMIÈREMENT DES BOULLENGERS

Boullengers, faites bon pain et loyal, qui bien vaille son pris, tel quil est et sera ordonné seion le temps et les saisons, sans botir[1], car qui fera pain à plus grand foer[2] que l'ordonnance de justice, ou quy ne voudra son pris ledit pain sera confisqué à la ville et paiera v sols d'amende celluy quy transgressera l'ordonnance de la ville ; et face chacun boullengers de toutes manieres de pains accoustumez.

Aucuns boullengers, ne autres quy venderont pain dans leurs boutiques, ne pourront vendre chandelles, suif, ne autre crasses[3] sur l'amende de x sols.

Aucuns estrangers boullengers ne pourra apporter pain à vendre en ceste ville quy ne soit bien boullengié, bien cuit et ressuié. Car il sera veu et visité par Messrs et mis à pris raisonnable, et s'il est trouvé autre que bon, il sera à l'amende comme de petit pain.

Tous boullengers quy venderont et feront pain à vendre, feront à la volonté de Messrs, c'est assçavoir blancq pain, pain biset[4], gasteaux et moletz[5] à I denie, fouaches[6] bises et blanches à II et IIII deniers, telz que chacun vaille son pris, sans botir, et non à·plus grand pris sur x sols d'amende, et quy fera le contraire ou pain quy ne vaille bien son pris, il sera à l'amende telle que tout son pain sera à la volonté de la ville, et sy paiera pour le pain à I denier trouvé trop petit

1. Faire du pain en mauvaise façon. (Du Cange.)
2. Foer pour feur, prix, valeur.
3. Graisses.
4. Diminutif de pain bis.
5. Pains mollets.
6. Pains cuits sous la cendre.

v sols, et pour le pain à ii deniers trop petit x sols ; pour
icelluy à iiii deniers xx sols ; et ainsy de toutes sortes de
pains, telz que dessus est dict, et quy en sera trouvé sans en
avoir, il sera à l'amende de v solz, et ou cas que vous n'ayez
pain à i denier et on en voudra avoir, vous serez tenus de
partir [1] vostre pain de ii deniers, et le marchant quy le voudra
avoir choisira.

Et vous, boullengers, et chacun de vous ferés vostre pain
bien boullengé, bien cuit et ressuié ; car s'il est trouvé autre,
vous serés à l'amende de la ville, comme de faire petit pain.

Item vous, boullengers, vous pourrez faire, s'il vous plait,
pain bis de telle farine quelle viendra ou sera apportée du
moullin, sans y mettre aucunement aymon ou reget, au pris
de 4 deniers, et tel qu'il vaille bien son pris, sur amende de
dix sols.

Et ne face aucun boullengers, paticiers ne autres quy se
meslent dudit mestier, drapperie, laine, ne austre crasseure [2],
ny ordure [3], en la maison là où il feront leur mestier, ou aucune
austre ordure, sur l'amende de xx sols parisis pour chacune
fois qu'ilz y seront trouvez ; et ne mettent ny souffreut
mettre lesdict boullengiers, cuisiniers ne autres, quy cuisent
pain ou aultres vivres, drapz, chappeaux, bonnetz ne autres
crassrnes, pour essuyer [4] en leurdiz fours, sur ladicte amende de
xx sols, ne cuirs sur iceux fours pour essuyer comme dessus,
sur pareille amende pour chacune fois.

Aucuns taverniers, hostelliers, varletz, ne autres quy vendent vivres, ne achetent pain à bote, ne pain que on vend à la
croix, fors pain à la droite denrée, sur l'amende de dix solz ;
ne vous, boullengers, ne leur en vendés point, sur peine de
pareille amende.

1. Partager.
2. Crasseur, qualité de ce qui est gras ; chose grasse.
3. Ne faudrait-il pas lire ourture, au lieu de ordure ?
4. Sécher.

Et s'il estoit que l'on trouvast pain hoty en leurs maisons, ilz paieront l'amende du pain avec les dix solz dessus dict.

Aucuns ne reçoyve pain de boullengers, qu'ilz veullent cacher pour les esgard, sur l'amende de v sols.

Nous deffendons à tous boullengers, que au pain quy leur est ordonné à faire, ne mettent leveure, sur l'amende de dix sols pour chacune mandée[1] de pain où ilz le metteront.

Item pour eviter à toutes frauldes et cautelles[2] et deceptions[3], il est ordonné que aucun ne vende ou delivre grains en ceste ville et banlieue de Monstreul sans mesurer, et sy d'aventure ceux qui achetent ou reçoivent lesdictz grains estoient contens de les prendre sans mesurer, sur le dire de ceux quy les vendent ou delivrent, pourtant ne differera point que le mesurage, droit de imposition et de minage ne soit paié comme il apartient, sur l'amende de LX sols.

Pour ce que aucuns commettent plusieurs frauldes et recellent les droits et impositions deus à la ville sur le faict des impositions mises sus de par le Roy et Monseigneur le duc de Bourgongne sur les vins, cervoises[4] et autres denrées et marchandise, vendues et distribuées en ladicte ville, Messieurs majeur et eschevins ont statué et ordonné que aucun ne soit sy hardy de fourceller[5] ou diminuer le droit des impositions qui sont ordonnées et accoustumées estre prises, sur peine de paier le quatralle[6] de autant que les impositions fourcellés monteront, et d'estre banny de la ville et banlieue comme de larrecin.

Item et pour pourveoir ausdites frauldes, deceptions et recel-

---

1. Grande corbeille à deux mains ou poignées.
2. Ruses.
3. Tromperies.
4. Bière, boisson.
5. Cacher, frauder.
6. Peut être pour « quartal » le quart.

lemens, est ordonné et statué par majeur et eschevins
que aucun boullenger, detailleur [1] ou brasseur ne mette ou
reçoyve dedans leur maison et hostel, grain mollu ou brasié
pour le mettre en œuvre, ne draps pour distribuer en detail
sans le congé des fermiers ou commis de par la ville sur le
faict des impositions, sur peine de confiscation desdictes farines,
brays [2] ou drapz, et de cent solz d'amende pour chacune fois
à appliquer à la ville, et d'estre pugny de ban et de prison
ou autre pugnition à l'ordonnance desdictz majeur et eschevins.

Item est ordonné que tous taverniers ou cervoisiers, vendans vin, cervoises ou autres bruvages en detail, auront les
lotz [3], demy-lotz et pintes [4], dont ilz useront en leurs maisons et
tavernes, en baillant et livrant les bruvages en detail, merquéz
de cloux à juste mesure et selon l'estallon de la ville, et
au desseure dudit clou, aura au lot poulce [5] et demy ou
plus, et des demy lotz et pintes à l'advenant, sur peine
et amende de dix solz pour chacun lot, demy lot ou pinte,
quy seront trouvez au contraire, et sy se gardent lesdictz taverniers et cervoisiers que leursdictz potz et mesures ne soient
au fondz ne aux costéz froissez ny bochez, sur peine de cincq
solz et pour mettre lesdictz cloux ausdictz potz, demy lotz
et pintes, ordonnons temps et espace jusques au my caresme
prochain venant, et aussy que les fagotz que livreront lesdictz
taverniers, cervoisiers et autres, ne soient hostez ou desrobbez
de arrures sur ladicte amende de cincq solz pour chacune fois
qu'ilz seront trouvé faire au contraire.

1. Marchand en détail.
2. Grains à faire la bière, d'après La Curne Sainte Palaye.
3. Mesure. Le lot valait quatre pintes.
4. Mesure.
5. Mesure.

MUSNIERS ET DE LA CONDUITTE
ET VENDITION DES GRAINS

Aucuns ne soit sy hardy que d'acheter bled ne autres grains en la place ny dans les greniers et les emporter, sy ce n'est du gré du vendeur sur l'amende de x sols.

Item on commande à tous musniers[1] qu'ilz ne soient sy hardis que d'aller en la place, tant que elle dura, sy on ne luy appelle, ains vous seerez sur la pierre du Flos devant St Sauve et . . . . . . de la place, sur l'amende de v solz.

Aucuns musniers, ne autres quy hantent au mollin, ne passent les bornes et ne aillent courrir les musnées[2] sur l'amende de v solz.

Aucuns hostelliers ne courtiers ne ayde son marchant à vendre ensemble, mais led. marchant le vende ou ses propres varletz sur dix solz, et ne soient lesdictz hostes auprés le chariot ou charette avec le marchant sur x solz.

Et sy le bled est dans les sacqz, aucuns hostelliers ne soit sy hardy ne aucuns mesureurs de porter ledit bled vendre en boisseaux, en plateaux[3], ne autrement, sur l'amende de x solz, ains soient apportéz les sacqz en la place, et le marchant ou ses serviteurs le vendent.

Aucuns ne soient sy hardis que d'appeller les marchans quy ameinent bledz pour vendre en leur maisons, fors que de leurs selles[4], sur peyne d'amende de xx solz.

---

1. Meuniers.
2. Mosnée, le même mot que « musnée » blé à moudre.
3. Mesure, récipient.
4. Sièges.

Item que personne ne pourra acheter bled dans la place devant que la cloche soit sonnée, ne le samedy, ny le marché devant, et que le commis de la ville aura feru la verge, sur l'amende de v solz.

Aucuns ne pourront vendre avoine quy sera mouilliée en tas ne ès greniers, sur peine de perdre ladicte avoine.

Aucuns marchans ne autres n'achetera grains en la place pour revendre devant l'heure sonnée, ou que la verge sera ferue[1], sur l'amende de dix solz, et y a on mis esgard et est led. minier commis à ferir la vergue, et aucuns des hostagers de la ville ne autres ne soit sy hardy de recepvoir ny delivrer aucuns grains marchandement, que ilz ne soient mesurez par les mesureurs fermiers, c'est assçavoir lesdictz fermiers et aultres commis de ladicte ville. sur l'amende de v solz pour chacune fois, sy ceux quy le vendront ou leurs maisnies[2], ou de leur propre creut[3], ne l'ont apporté vendre audit marché de Monstreul sur leur teste.

Tous marchans quy ameinent grain en la place pour vendre viennent ouvrir leurs sacqz et ouvrent, quand on sonne l'heure, sur l'amende de v solz.

Et tous marchans quy ameneront grains pour vendre en ceste ville, soit sur chevaux, chariotz ou charrettes, les ameinent en la place sans descharger ès maisons, ne les mettre en sauf, devant ny après place faillie, sur l'amende de dix solz, et aussy, soubz ombre de les avoir vendus en leur pays à aucuns marchandz ou autrement, ne les ameinent et deschargent en autre lieu, ny en autre maniere que dessus est dict, sur l'amende dessus dicte, et aussy que nulz ne les reçoyve sur paine et amende de dix solz.

Aucuns ne pourra vendre ne exposer en vente bled ne

1. Frappée.
2. Gens de la maison.
3. Cru.

autre grains engraissé de colle, ne d'autre chose, car celuy quy en seroit attaint, il perdroit tout ledit bled ou autre grain, et seroit confisqués à la ville, et ne luy voudroit excusation sur ce, s'il en faisoit.

Item ne soit aucuns sy hardis de ceux qui ameinent bled, avoine ou autres grains pour vendre, de la mainer hors de la place, sy il n'est vendu, devant que midy soit sonné, sur peine de v solz.

Quy amenera bled, avoine ou autres grains en la place, en charrette, en sacqz ou autrement, garde bi..n qu'il ne soit aussy bon au milieu et au dessous que au dessus ; car quy attaint en seroit, il paiera un septier de bled du char, et de chacun sacqz un cartier¹, et seroit le restant vendus à mesme instant ; et sy le mesureur aperçoit que le grain ne soit sy bon qu'au premier, il est tenu de le dire, sur l'amende de v solz.

Aucun ne pourra acheter bled ne autres grains en la place pour . . . . quy le revende devant deux jours, sur v solz.

Aucuns musniers ne pourront prendre bled et farine ensemble, sur amende de v solz, et ne monteront sur leurs bestes, les farines y estant, sur v solz d'amende pour chacune fois.

Item aucuns musniers ny gardes-molins ne pourra prendre mouture de sa main, sur LX solz.

Et sy ne soit sy hardy celluy musnier quy paiera l'autre de la meuture, de luy bailler outre l'ordonnance telle qu'il apartient, et seront les musniers tenus de faire serment de ce ; et quy sera attainct du contraire, il sera pugny de parjure à la volonté de la ville.

Aucuns musniers ny chasse-chevaux² qui fournit à vendre ne soit aux molins, sur xx solz pour chacune fois qu'il en sera attaint.

1. Mesure.

2. Conducteurs de chevaux.

Item nuls musniers, chasse-chevaux, ne autres quy ont molin hanté, n'ayent porcqz, s'il n'est boullengers, sur amende de v solz pour chacune fois qu'ilz fera le contraire, et pour chacun pourceau.

On commande que chacun quy a mollins sur Canche ait son ventaille [1] courant en son avalloir [2], quand son moullin ne mould, sur peine de v solz d'amende, et ait chacun mollin, boisseau, demy-boisseau et carte [3], sur peine de v solz; et n'ait aucun son ventaille devant la roue de son mollin ouvert par jour, s'il ne met rattel [4] au devant en l'embouchement et contreval [5] son ventelle dessusdit sur x solz.

On ordonne et commande à vous, musniers, que i mouldez à toutes personnes quy portent leurs grains mouldre à vos mollins, en leur presence, en ordre, l'un après l'autre, supposé que aucunes autres personnes, quy ne seroient presens, eussent apporté ou envoyé à vosdictz mollins des grains par avant, sur l'amende de v solz, et ne prennent aucuns musniers pour mouldre bled plus d'un boistel du septier, à peine de pugnition à l'ordonnance de Messrs.

MESUREURS

Aucuns mesureurs ne soit sy hardy de mesurer dans la place ny dans le marché, devant que la place soit sonnée [6], sur peine de v solz d'amende, et prendre sallaire de mesurer de chacun septier un denier et non plus, sur l'amende du mesurage, et estre pugny de prison à la volonté de Messrs majeur et eschevins.

1. Vanne.
2. Digues et gorges que l'on fait dans les rivières.
3. Mesure de grains.
4. Porte ?
5. En descendant, le long de.
6. Marché ouvert.

Et faict on commandement à vous, mesureurs, que vous ayez sacheletz[1] tenans une peinte, où vous metterez du bled pour la monstre, ainchois que vous mettiés rien en voz quartes[2], car sy vous estes trouvez sans, vous payerés l'amende de cincq solz pour chacune fois, et au dernier quartier rendez au marchant son bled, que vous avez mis dans vostre dit sachelet sur peine de ladicte amende.

Aucuns mesureurs ne leurs femmes ne achetent bled pour revendre, sur peine d'estre mis hors de leur mestier, et en l'amende de dix solz.

On commande aux mesureurs que ilz aillent mesurer à celluy quy premier les appelera, sur l'amende de v solz, et sy ne pourront lesdictz mesureurs se paier de leurs mesurages, sy ce n'est du consentement du vendeur, sur peine de pareille amende de v solz.

Chacun mesureur ne se meslera de vendre les grains des marchands, sur peine d'amende de v solz.

Aucun mesureur n'approchera à la charette, devant que le bled soit vendu, sur v solz d'amende.

Aucuns hostelliers, ne autres quelconques, ne mesure le bled de son hoste, sur amende de dix solz.

Item aucun mesureur ne soit sy hardy d'aller aux portes de la ville, ès hostelleries d'icelle, ny ailleurs, allencontre des grains amenez, ou que on amenera pour vendre en ladicte ville, pour iceux mesurer, ne portera ses mesures ou les envoyer, sy ce n'est à la requeste des marchandz, sur l'amende de v solz, ne aucuns ne jette son cuvier sur le char, pour empescher d'aultre à venir au mesuraige, soit aux portes, ny en chariant par la ville, car le marchant prendra tel mesureur qu'il luy plaira, et quy fera le contraire sera à l'amende de v solz.

---

1. Petits sacs.
2. Ancienne mesure de deux pintes.

Item nul mesureur ne mesure bled à blattiers[1] sans le congé du majeur à peine de v solz à la ville.

Et ait chacun mesureur, fermiers et autres gens, bonne et juste mesure, tant à bled, avoine, comme à autres grains, sur l'amende de Lx solz du quart, et des autres mesures à l'avenant, car sy la mesure est trouvée petite, elle sera bruslée et arse[2], et pour ce ne demeura point quitte celuy à quy apartiendra ladicte mesure, qu'il ne paie l'amende.

DES POURCEAUX ET AUTRES BESTES

Aucun ne laisse aller ses porcq, dans le marché tenant, sur peine de vii deniers d'amende pour chacun porcq.

Item que personne ne pourra avoir porcq, s'il ne les met au porcher sur v solz d'amende.

Item que l'on ne pourra engraisser porcqz, sy on ne les tient encloz, car sy on les trouve allant par les rues, celuy ou ceux à qui ilz appartiendront paiera vii deniers pour chacun, et sy d'aventure ilz estoient tuez, soient gras ou maigres, en aulcun dommage, ou bien dans les maisons, on n'en rendra rien ; et quy les voudra engraisser, il faut que ce soit en tel lieu, que l'on n'en puisse recepvoir aucune corruption ni mauvais sentiment, sur peine de v solz pour chacun porcq et pour chacune fois.

Aucun ne laisse aller ses porcqz, brebis, vaches, chevres, chevaux, dans les prez Benson[3], ny ès fossez de la ville, car

---

1. Marchands de blé.

2. Détruite complètement par le feu.

3. Ce pré se trouvait près de la fontaine des clercs actuelle. C'est-là que se réunissaient les officiers municipaux le lendemain de la fête de St Simon St Jude pour jouer à la cholle.

s'ilz y sont trouvez, sçavoir le porcq, l'on paiera ii solz ; pour la vache, iii solz ; pour l'asne, iii solz ; la chievre et chevaux, iiii solz ; pour la brebis, ii deniers ; et les varlets ou vachers, quy y seront pris, seront pugny à la volonté de Mess", et celuy quy l'aura pris sera paié de ses sallaires par la ville.

Item on ne pourra tenir chievre en ceste ville, fors en sa maison, s'il ne les fait garder aux champs, sur amende de iii solz ; car sy on l'en trouve ès fossez ou dans les jardins, on le pourra tuer sans en estre repris, et sy on sera condamné à l'amende à la volonté de Mess".

Aucun courtier ne soit sy hardy de vendre les bestes d'autruy sur peine d'amende de xx solz.

Item personne ne peut tenir ne mettre porcqz en graisse sur Canche, sur peine d'amende de xx solz.

Aucun n'ait porcqz en la ville, qu'il ne les envoie garder par le porcher aux marestz ou en pasture, sans les cacher[1] ou faire mener, sur paine de v solz ; et quy fera autrement paiera le droit deu au porcher. Et sy on trouve pourcheaux, vaches ou aultres bestes qui facent dommage sur les allées de la forteresse de la ville, ceux à quy ils apartiendront seront à l'amende de v solz pour chacun porcq ; et s'il est permis à toutes personnes de les pouvoir tuer, sy l'on peut, et sy l'on ne peut, que l'on le rapporte au majeur, en le prouvant, et celluy quy le rapportera en aura v solz, que sera tenu paie, celuy à quy apartiendra led. porcq, avec l'amende de la ville.

BARBIERS

Aucun barbiers ne laisse son sang devant son huys[2] depuis midy, sur peine de v solz.

1. Synonyme du mot mener.
2. Porte.

Aucun barbier ne peut tenir en sa maison ny ailleurs porcqz, auwes[1] ne conniiis[2], sur peine d'amende de x solz.

Item que aucun barbier ne seingnent mesel ny meselle, sur peine d'estre desmis de leur mestier et perdre tous leurs outilz.

TAVERNIERS

On vendra tous vins par esgards, et sy l'on n'en pourra vendre qu'il n'eust esté afloiré[3] auparavant, sur peine de lx solz d'amende.

Et ne mette vin de bassure sur vin de plus hault, sur peine de lx solz d'amende.

Aucun n'achetera vin sur charrette, sy ce n'est qu'il soit en l'estable[4] sur peine de lx solz d'amende.

L'estable est en la place devant l'eschevinage, et aucuns taverniers ne aultres n'en pourront acheter devant soleil levant, ny après soleil couchant, sur peine de lx solz d'amende.

Aucuns taverniers, telliers[5], patisiers, ne aucuns. . . . . . poissonniers, saigniers[6], eschoppiers[7], bouchers, menussiers, plettiers[8], de aultres, ne pourront vendre vin en leur maison où ils font leurs dictz mestier, sur peine de xx solz, et s'il le veullent vendre ailleurs, il faut qu'ilz aient certain sergent

---

1. Oies.
2. Lapins.
3. Mis à prix. L'affoerage était une sorte de droit seigneurial sur les vins.
4. Estaple, entrepôt.
5. Toiliers.
6. Marchands de sain, c'est-à-dire de graisse.
7. Petits marchands qui vendent dans des échoppes.
8. Pelletiers, marchands de peaux.

quy le tire, afin qu'il n'y ait d'ordure, sur peine d'amende
de LX solz.

Pour obvier aux frauldes quy se commettent chacun jour en
ladite ville, Mesdictz sieurs ont ordonné et deffendent à tous
taverniers et gens vendans en detail qu'ilz ne reçoyvent ne
mettent en leurs maisons, ny en leurs caves et celliers, vins
à autruy que à eux, sur peine et amende de LX solz, pour
chacune piece qu'ilz y metteront.

Aucuns marchans estrangers ne vende vin en gros, puis
qu'il est deschargé de la charette, et ne le pourra mettre à
broch[1], qu'il ne paie VIII deniers de chacun tonneau à la ville
pour le siege.

Aucuns taverniers, varlets, ny autres de leur maison, ne
pourra aller querir ou copper aucun bois, ny aultre ver-
dure dans les jardins d'aultruy, si ce n'est de leur consentement, sur peine de X solz d'amende et rendre le dommage.

Aucuns taverniers ne pourra faire vin de bichet sur
peine de LX solz, et ayent chacun tavernier pot, demy-
pot, pinte et demy-pinte de cuyvre, sur peine de LX solz
pour le deffault du pot et à la portion du deffault de
chacune autre mesures, et donnent les taverniers le par-
dessus en la presence de celuy quy demandera du vin, et le
mesurera de loyale mesure sur peine de LX solz, et sy on ne
laisse descendre le messager dans la cave, l'hoste sera à
l'amende de X solz.

Aucun ne broiche[2] vin depuis la Saint-Martin sur peine
de X solz, et s'il n'en pourra bailler à l'esgard, devant qu'il
ait reposé trois jours sur l'amende dessus declarée.

Quy portera faulse monnoie au pain, au vin, ou à aultres
denrées, on le peut coupper sans meffait.

Sy aucun laisse gaige aux tavernes pour leurs vins, et

1. Au détail.
2. Mettre en perce.

qu'ilz ne le retirent devant quarante jours, le tavernier ne sera plus tenu de le rendre.

Aucun de quelque condicion qu'il soit, soit de la ville ou banlieue, ne pourra avaller vins, ne mettre bas des charrettes ou chariotz dans les caves, ny en quelque maniere que ce soit, et ne pourront les mettre hors des batteaux, sy ce ne sont les breemans sur peine d'amende de cent solz parisis pour chacune fois, sy ce n'est du congé de Messrs majeur ou eschevins ou leurs commis.

Tous taverniers de la ville ou banlieue, quy voudront vendre vin estant à broch ou en gros, seront tenus de faire gauger leursdictz vins au gauge [1] de Castenoy [2], sur peine d'amende de xx solz parisis pour chacune fois, et pour chacune piece; sy seront tenus d'avoir dans leurs caves, ou là ils assient ou font asseoir les gens le gauge de leursdictz vins pour toutes et quanttefois qu'il nous plaira ou noz commis les veoir, sur peine d'amende de xx solz pour chacune fois qu'ilz seront trouvés faisant le contraire.

Aucuns hostelliers ne leurs varlets, chambrieres [3], ny autres de leur maison, ne pourront appeler pelerins ny estrangers en passant, pour les loger, sur peine de v solz d'amende.

Item, il faut que chacun hoste ait demy boisseau à droite mesure à l'estallon de la ville, à peine d'amende de LX solz, et soient lesdites mesures et demy boisseaux ferrés de fer et marqués du fer de la ville, à peine de l'amende susdite; et s'il faut que chacun d'eux aient sa mesure, avec laquelle il mesure l'avoine, attachée avec chaine de fer au lieu où il vend ladicte avoine, et non autre, à peine de ladicte amende.

Plus pourront encores lesdictz hostes avoir une autre mesure marquée du fer de la ville à l'estallon d'icelle, pour porter

---

1. Endroit où l'on jaugeait les vins.
2. Nom de cet endroit.
3. Femmes de chambre.

ès estables ou ailleurs, pour partir l'avoine aux chevaux, sur peine de ladicte amende en faisant le contraire.

Vous hostes ne tenez en vos maisons potz à vin ou cervoise de moindre mesure que d'un pot, demy-pot, pinte ou demy-pinte, et cruches de pot, demy-pot ou de deux potz, et aient oultre la mesure un poulce entier toutes lesdictes mesures, sur peine de perdre le pot, lot, ou piece, quy autre sera trouvée, avec v solz parisis d'amende pour chacune fois.

Tous taverniers quy feront amener vin par charroy en ceste ville soient tenuz de remplir ou faire remplir les tonneaux ou pippes, où ilz feront charger lesdictz vins le mesme jour, car s'ilz ne l'ont faict ou faict faire, il ne leur en sera rien rabbattu pour le remplage[1] desdictz vins.

Et quand est des vins qui viendront par mer, et qui seront amenez en ladicte ville de Monstreul, où la particion[2] escherra, les marchans, à quy iceulx vins appartiendront, seront tenus avant qu'ilz les puissent mettre en leurs caves ou celliers, de monstrer aux officiers par nous commis au rapport des dictz vins le vidage[3] d'iceux vins ; et ce fait, nosdictz commis et rapporteurs seront tenus et chacun d'eux de bailler et faire aller un de noz sergeans ou commis pour estre present à faire ledit remplage, et d'icelluy remplage feront rapport à nosdictz commis, pourquoy iceux commis nous en facent et puissent faire rapport avec la venue d'iceux vins ; et semblablement seront tenuz de faire compaignie à ceux quy ameneront et feront venir lesdictz vins à Monstreul, et au cas que ce ne seroit lesdictz taverniers, on ne leur fera aucun rabbais pour le remplage de leurs dictz vins.

Tous taverniers, marchans de vins, et toutes autres personnes, de quelques estatz qu'ilz soient, demeurans en ladicte

---

1. Remplissage.
2. Division.
3. Vidange.

ville, ou forains [1], quy feront venir vins pour vendre pour boissons ou autrement en ladicte ville, seront tenus de faire gauger lesdictes baricques au gauge de Castenoy, le jour qu'ilz seront venus, et ainçois qu'ilz les puissent avaller en leurs caves, sur peine de xx solz d'amende pour chacune fois et pour chacune piece de vin ; et avec ce, seront tenus d'avoir dans leurs caves ou autres lieux asseoir ou faire asseoir leurs-dictz vins le gauge devant, pour les voir par lesdictz commis de la ville, quand bon leur semblera, à peine d'amende de xx solz.

Item ne pourront aucuns taverniers ou brasseurs vendre à leurs maisons et tavernes à ceux quy iront boire, chair, fruictz, figues, ne raisins, sur peine et amende de xx solz pour chacune fois qu'ilz seront trouvés faisans le contraire.

CRIEURS DE VINS

Crieurs de vins, on vous deffend que vous ne portiés vos vins ne criés dans les églises, ny proche d'icelles, ce pendant que l'on fait le service divin, afin que l'on ne puist vous entendre, à peine de v solz d'amende et de pugnition de prison à la volonté de la ville pour chacune fois, et serés tenu de faire serment pour ce accomplir, et pour lequel faire serés au plaid premier tenant.

Chartiers, qui amenés les vins à voiture, sachés que telz que vous l'en chargerés, vous les rendrez et delivrerez, et s'ilz ont quelque fortune ou que les empiriés, vous rendrez dommages, et vous deffendons et commandons que desdictz vins vous n'en tiriés ni perciés les pieces, à peine d'amende de

1. Etrangers à la ville.

xx solz et estre pugny de prison à la volonté de Mes^r, sy ce n'est par le congé et commandement de ceux à quy les vins seront apartenans.

Nous deffendons à tous ceux quy font vin de bichet et quy le vendent, qu'ilz ne se soient sy hardis de le vendre plus de vıı deniers de lot, sans le congé du majeur, et quy fera le contraire, il sera à l'amende de ıx solz, et s'il sera cuchié [1] à la restitution de ce qu'il en aura plus receu que l'ordonnance de la ville.

Item nous deffendons que nul aultres bruvages ne soient vendus en ladite ville comme. . . . . ou aultres sans esgard, et sans prendre pris au majeur sur peine d'amende de ıx solz.

JOUEURS AUX DEZ

Bien se gardent les hostes que aucuns ne jouent aux dez en leurs maisons, ny prester et respondre sur drapz de filz de bourgeois, ne autrement; car rien n'en auroit, et seroit à l'amende de v solz. Et sy lesdictz hostes ne peuvent prendre de filz de bourgeois, ny de personne yvre, gaige, sinon pour son escot, car il le renderoit; et ceux quy seront au jeu seront à v solz d'amende, ormis celuy quy le feroit sçavoir au majeur; et sy aucun se partoit de la taverne, oultre la volonté du tavernier, et sans l'avoir paié de son dit escot, il sera à v solz et mené en prison, tant qu'il aura paié ledit escot, et estre pugny à la volonté de Messrs.

Et sy on deffend que personne ne joue aux tavernes, soit aux dez ne autres jeus en la ville et banlieue, se n'est à la Croix du Demestal, à peine de v solz.

1. Couché, synonyme de condamné.

Item les hostes quy permettront de jouer dans leurs maisons seront à l'amende de x solz, nonobstant aucune excuse qu'il en feroit, et s'il le recelle, il paiera xx sols.

Item les hostes qui permettront de jouer aux dez dans leurs maisons ou autre jeu deffendu, et qu'ilz en soient attainctz et convaincuz, et pour bailler dez et chandelles, ilz seront à l'amende de xx solz pour chacune fois, et s'ilz ne seront exemptz des autres amendes.

Avons ordonné et ordonnons que tous les bellitres [1] et coecquins, quy seront et se tiendront en ceste ville de Monstreul, et quy ne voudront travailler et besongner, quand ilz en seront requis, ilz seront par nous et noz officiers mis en prison de la ville et puguy à nostre ordonnance.

BRASSEURS DE CERVOISES ET GOUDALLES [2]

Brasseurs, faites bonnes cervoises et bonnes goudalles pour le pris quy vous est ordonné, et non à plus hault pris, sy ce n'est par la licence et permission de Messrs; car la bière ou cervoise, quy sera trouvé n'estre bonne, ledit brasseur sera à l'amende de x solz, et sy le brassin qui sera brassé est trouvé ne valoir sondit affoerage [3], il sera vendu selon que les esgards l'estimeront, et s'il paiera l'amende; et s'il est deffendu ausdictz brasseurs de mettre en vente lesditz brassins, qu'auparavant il n'eust esté affoeré, sur peine d'amende dessus declarée, sy ce n'est avec permission de Messrs.

Item leur est deffendu de la vendre à plus hault pris

1. Vagabonds.
2. Bières, boissons.
3. Mise à prix.

qu'elle aura esté affoeré, à peine de xx solz d'amende, et s'il
leur est enjoint et aux cabaretz d'avoir tous pot, demy-pot et
pinte de cuivre, quy soient fendues au bord, afin que l'escume
puisse sortir hors, sur peine de perdre le vaisseau[1] et des
autres à l'avenant.

Item doivent lesdictz brasseurs, toutes et quantesfois que les
esgard iront dans leur maisons pour affoerer, leur donner à
boire, sur peine de x solz d'amende.

Item on deffend à tous brasseurs de biere et cervoise, qu'ils
ne delivrent aucune biere ny cervoise aux cabarestz, que au
prealable elles n'aient esté affoerez, à peine de x solz
d'amende; et sy, nonobstant cela, les esgardz ne differeront
d'aller chez les cabaretz pour afferer lesdites bieres, quand ilz
verront que besoing sera, et touttesfois que lesdictz cabarestiers
seront trouvés avoir mauvaise bieres ou cervoises, ilz seront à
l'amende dessus dicte.

Il est ordonné par Messrs que tous les brasseurs de
ceste ville quy voudront brasser, brassent de grains et
de eaues sans autre mixtion aucune, ny tourmentan[2],
genoyvre[3] ne autre herbe, sur peine de xl solz d'amende
et le brassin applicqué à la ville.

Item est ordonné que tous brasseurs brassent à l'usage
ancien et de grain, ainsy que dit est, tant seulement, ny ne
fachent ny ne meslent leurs barilz, ains les facent bonnes et
loyaux, est assçavoir ladicte cervoise et biere aud. affoer
ordonné par la ville, selon le temps, et non à plus grand
pris; et ne pourront point mener hors aucunes bieres pour
vendre, sy ce n'est de la licence du majeur, sur peine d'amende
de x solz pour chacune fois, et celuy quy voudra brasser à

1. Vase.
2. Tormentille, plante renfermant une grande quantité de tanin.
3. Genièvre.

moindre pris que l'ordonnance le pourra faire, pourveu neanmoins qu'elle soit affoeré auparavant le vendre.

Aucuns brasseurs, cordonniers, tisserans, foullons, drappiers, barbiers, menuissiers, pletiers, crassiniers, ne aultres manians laisne ou graisse, ne vendent cervoise ou biere en leur maison par forme de cabaret ne autrement, s'ilz ne veullent delaisser leur mestier, sur peine de xx solz pour chacune fois qu'ils y seront trouvez.

Pour pourveoir au bien commun, et qu'il est venu à la cognoissance de mess[rs] majeur et echevins, que les chauderons, à quoy les brasseurs de ladicte ville brassent, mesuren[t] et vendent leurs bieres, n'estoient pas aussy grandes les unes que les autres, ilz ont ordonné et ordonnent que chacun brasseur aura doresnavant chauderons ou autre mesure pour livrer leursdites boissons, quy tiendront chacun vi potz et non dessous, et s'ilz ne pourront livrer au chauderon, ny autre mesure, qu'ilz ne soient marquez du fer de la ville, et en mesurant leurs dictes bieres, le renversent une fois quand elle sera mesurée, et le remplissent suffisament, et ce, sur peine de x solz pour chacune fois qu'ilz feront le contraire, ou defaudront en aucunes des choses susdictes.

BOUCHERS ET CANDEILLIERS

Vous bouchers, gardez que vous ne vendiés ne exposiés en vente chair sur les estaux, quy ne soit bonne et loyale, sur peine de lx solz, et la chair qui est trop vielle ne le peuvent vendre en la ville, ny en la banlieue, sur peine aussy de ladicte amende; et ne vendés aussy chair, sinon sur les hetaux de la boucherie, sur peine de lx solz; et sy aucune beste estoit trouvée sur lesdictz hetaux avoir ficq[1], elle sera confisquée à la ville; et

1. Maladie.

sy paiera LX se z d'amende, et sy ne vendent ny achetent en
ladicte ville et banlieue aucune bestes, vives ne mortes, ayans
le lieq, warenge, ou clavelle[1] sur ladicte amende pour chacune beste et pour chacune fois, et pugnition de prison, à
l'ordonnance de Messrs; et pour à ce mieux pourveoir seront
commis esgards à ce faire.

Aucuns ne vende chair de truie chatrée sur les hetaux
de la ville, sy elle n'est chatrée XL jours auparavant qu'on le
tue, ne chair soufflée ne soursemée[2] ne chair de ran[3] sur
peine de LX solz, ny les depiecher sur les hetaux le jour que
on vend ladicte chair, sur peine de X solz; et s'ilz ne peuvent
aussy coupper aucune chair sur les hetaux auparavant la
cloche du jour sonnée sur ladicte amende.

Aucun bouchers ne peuvent vendre chair quy est dure,
sy elle n'est sallée quatre jours auparavant, sur peine de
LX solz d'amende.

Pour ce que plusieurs maladies de fievres chaudes, grosse
verolle, que l'on dict pocques ou maladie de Naples, et autres
quy regnent souvent, dont plusieurs des habitans de la ville
sont entachez, et lesquelles maladies se pourroient gaigner
par les souffleries et brocqueteries, quy se font aux chairs
quy se vendent en la boucherie et ailleurs dans la ville; et sy
ainsy estoit que les souffleurs fussent empeschés desdictes maladies ou d'aucunes d'icelles, et aussy pour doutes des pestes
quy pourroient regner, nous, mayeur et eschevins, pour ad ce
remedier et eviter lesd. inconveniens quy en pourroient
advenir, avons interdit et deffendu, interdisons et deffendons
à tous bouchers, leurs varletz, et autres tuans chair et bestial
en icelle ville et banlieue, que aucun ne soit sy hardy de

1. Espèce de vers à sang rouge.
2. Viande de porc qui, prétendait-on, donnait la lèpre.
3. Bélier.

souffler, battre, ny brocqueter les chairs que tuerez et ferez
tuer, pour vendre et distribuer en ladicte ville et banlieue, et ce
sur peine de bannissement, amende arbitraire, et autre à nostre
ordonnance, et seront les maistres pugnis pour leurs varletz et
autres de leur maison quand aux amendes pecuniaires, et
iuront les rapporteurs[1] ii solz pour chacune fois qu'ilz en
feront rapport, dont amende s'en puist adjuger par raison.

Aucuns bouchers ne tienne chair fraiche sur les hetaux de
la ville ne plus vielle de iii jours, à compter le jour qu'elle
sera tuée, asscavoir depuis le dernier jour d'avril jusques au
jour St Remy, et d'icelluy jour St Remy jusqu'au jour des
Caresmeaux, à compter depuis le jour qu'elle sera tuée plus
vielle que de iii jours, et des Pasques au dernier d'avril plus
vielle de iiii jours, sur peine de ix solz d'amende, et sy les
chairs estoient mauvaises ou corrompues sur les hetaux, cela
ne sera cause qu'ilz ne soient à l'amende susdicte.

Aucuns bouchers n'ait compagnie à vendre ses chairs sur
les hetaux, sur peine de xx solz ; et au soir leur convient
mettre à leurs hetaux lumiere à peine de v solz ; et lesdictz
bouchers, leurs femmes, ou leurs maisnies se tiennent à
leurs hetaux tous d'un costé, sans aller entre deux hetaux, ne
retenir ny empescher les gens qu'ilz ne puissent aller ou bon
leur semblera acheter de la chair.

Pour obvier aux inconveniens et à la conservation des creatures humaines, ordonné est par Messrs majeur et eschevins
que aucuns bouchers ne soit sy hardy de vendre ny exposer
en vente chair mauvaise ny corrompue, sur peine de ix solz
parisis d'amende pour chacune mande de chair, nonobstant
peu de jours qu'elle soit tuée.

Item est encore ordonné que aucuns bouchers ne pourra
vendre ny exposer en vente aucune chair, si elle n'est tuée un jour
auparavant que on la vende ou exposera en vente, comme dit

1. Officiers de la ville nommés par l'échevinage.

est, à peine de v s..z d'amende, pour chacune sortes de chair, reservé aigneaux et chievre de laict, que on pourra vendre à toute heure sans amende.

Aucun ne peut vendre chair de veau, quy n'ait plus de xv jours, à peine de v solz d'amende, ny l'exposer en vente le jour qu'elle sera tuée sur peine de ladicte amende.

Aucuns bouchers ne tienne ny vende chair fraiche ne sallée sur les hetaux, en la boucherie, ni en leurs maisons, qui soit pourrye, ne autre que bonne sur l'amende de ix solz.

Aucuns bouchers ne vende ny fache vendre en leurs maisons ny ailleurs, fors seullement en la boucherie, aux pastisiers et cuiseurs, aucune chair, sur l'amende de x solz ; aucun paticiers, ny cuisseurs, ny aucuns pour eux, n'achete chair sur peine de x solz, ny faice hacher chair pour faire pastez, s'ilz ne les font le jour qu'elle sera hachée, sur peine de x solz d'amende ; et s'il leur est deffendu de mettre chair sallée dans leurs ditz pastez, à peine de vingt solz d'amende.

Item qu'ilz ne peuvent tuer aucun boeuf, vache, ne veaux pour vendre à la ville, ny en la banlieue de Monstreul, jusques à ce que lesdictes bestes soient esgardéez vive par les esgardz à ce commis, sur peine de x solz parisis d'amende, et suffira qu'elles ayent esté esgardez un jour auparavant que on les tue, et ne pourront lesdictz esgards esgarder aucune chair tuée sans avoir avec eux un de Mess".

Item nous deffendons que aucuns bouchers ne hachent chair pour faire pastez, devant qu'ilz aient vendu icelle, et qu'ilz sçauront à quy lesdictz pattez seront, sur peine de v sols et la dite chair estre confisquée à la ville.

Plus est ordonné par Mess", pour ce qu'il est venu à leur cognoissance que plusieurs marchans de bestes et aultres achetent aucunes bestes et autres marchandises aux gens qui les ameinent vendre en ladicte ville ès lieux et place sur ce ordonnez, et que incontinent qu'ils les ont achetez, les reven-

dent, et n'en peuvent les bonnes gens avoir de l'argent que
par leurs mains, ou le peuple est grandement deceus, que
aucuns n'achete bestes vives, quelles que soient, de autres
denrées pour revendre, que depuis le jour qu'il les aura
achetées avant qu'il les vende ny expose en vente, il n'y ait
viii jours passés, sous peine de lx solz d'amende.

Item est ordonné par Mess" majeur et eschevins, que
tous ceux quy ameineront pourcheaux pour vendre et quy
les venderont en ceste ville et banlieue, les feront esgarder
et paieront aux esgardz deux deniers obole pour chacun, et
ne vendre ny acheter aucuns pourcheaux, sans au prealable
estre esgardez sur peine de v solz d'amende au vendeur, et
autant a l'acheteur pour chacune fois.

Il est ordonné par Mess" majeur et eschevins jusques
à leur volonté, et pour le proffit commun obvier et remedier
à toutes fmuldes et deceptions, que chacun boucher quy
vouldra coupper chair en la boucherie, avant qu'il soit receus
à tailler, il sera tenu de bailler caution à la ville, sy baillé ne
l'a, de x livres parisis, pour rendre les debtes qu'il pourroit
accroire des bestes qu'il acheteroit, laquelle caution comme
principal debiteur sera contrainct par prinse de corps et de
biens, sans aucun delay, tant qu'elle se pourra estendre jusqu'à
la dicte somme, et paier les debtes de ceux quy se viendront
plaindre, et quy apparoistra estre deus ; et sy aucun taille
chair en ladicte boucherie sans avoir baillé caution, il sera
couchié en lx solz d'amende par devers la ville.

Item est ordonné que aucun ne vende, ny achette en
cocques, huilles, sain de harencq, ne de poisson, devant que
les esgardz l'aient esgardez, à peine de xx solz pour chacune
fois, et aura le mesureur pour la quenne[1] mesurer un denier
et les esgards du quoquet[2] deux deniers, et de plus grand

1. Mesure, vase.
2. Petit baril.

piece à l'avenant; et sy ne pourront lesdictz marchans mettre de vostre huyle en leur dicte maison à peine de x solz, sy elle n'est auparavant esgardée.

Il est ordonné par Mess** majeur et eschevins, que aucuns marchans de pourceaux ne d'autres bestes ne pourront acheter pourceaux ne autres bestes sur sepmaine en la ville pour revendre, que lesdictz pourceaux et bestes n'aient ainchois esté exposéz en vente ou marqué ez place sur ce ordonné, le jour qu'elles seront amenez et lendemain jusqu'à nonne, et quand au samedy que la verge sur ce ordonné n'ait esté ferue, laquelle nous ordonnons à ferir à heure de . . . . à S¹ Sauve, à peine de x solz d'amende, à prendre aussy bien sur les acheteurs que vendeurs, pour chacune fois qu'ilz y trangresseront cest edit.

Item nous ordonnons ledit marché de pourceaux estre en la rue des Bachins durant la sepmaine, et quand au samedy il sera où il a esté par cy devant.

Et vous, bouchers, ne fondez suif ne sain dedans la ville, quy porte pugnaisie[1] à voz voisins, sur peine et amende de dix solz, dont le rapporteur sera contenté à l'ordonnance de Mess**.

Et ceux qui vendent sain, il faut qu'ilz ayent mesure aussy nette au dessous qu'au dessus, à peine de v solz, et ayent chacun desdictz vendeurs, pot, demy-pot et pinte, bonnes et loyalles, à peyne de lx solz d'amende et des autres mesures au dessous à quantité.

Aucuns bouchers se gardent bien de sallir leurs chairs, sur peine d'amendes de v solz, et y aura esgardz.

Vous bouchers, enfermez vos chiens par nuict, et par jour vous les tiendrez attachés; car sy on les trouve hors de voz maisons, soit de nuict, soit de jour, sy ce n'est allant avec vous, pour querir marchandises, celuy à qui apartiendra ledit chien

---

1. Puanteur.

sera à l'amende de v solz ; et sy on pourra tuer le chien sans en estre repris.

Item il est ordonné que tous bouchers aporteront ou feront aporter à vendre leurs cuirs avec le poil, quy leur viendront de leur mestier, devant la boucherie, le lundy, mercredy et samedy, en toutes les saisons de l'année, et ne les pourront vendre ny exposer en vente ailleurs, ne en autres jours que dit est, sur l'amende de v solz au vendeur et v solz à l'acheteur.

Est aussy ordonné que toutes manieres de gens qui tueront ou feront tuer bestes à laisnes ou aultres en leurs maisons et revendront les peaux ou cuirs, et les apportent lesdictz jours en lieux ordonnez à ce, il leur est deffendu de les vendre ailleurs à peine de v solz d'amende.

Et quand aux peaux laignues quy leur cherront de leur mestier, il les apporteront en vente deux fois la sepmaine, c'est assçavoir le mercredy devant la boucherie, et le samedy au marché que l'on a accoustumé de faire vendre ou vendre lesdictes peaux, sans les vendre à l'année en autre lieux, ne en autres jours, sur peine de ladicte amende de v solz au vendeur et v solz à l'acheteur, pour chacune fois qu'ilz seront trouvez faisant le contraire, et n'en achetent aucuns bouchers ne aultres lesdictes peaux ou cuirs pour estrange, soient presens ou absens, sans le congé de majeur, à peine de x solz.

Item vous, bouchers, vous fonderez vos suifs et votre sain [1] de jour..... au creton, et le creton de viel suif et de viel sain fonderez hors des murs de la ville, où il est ordonné, et quy fera le contraire que de fondre creton, suifs ou sain quy flaire [2] ou quy put, ailleurs que en la place susdicte, il paiera x solz, dont celuy quy le rapportera sera contenté par la ville.

---

1. Graisse de porc.
2. Donne de l'odeur.

Item on vous deffend que vous ne meisliés suif que
vous achetez à marchands estrangers avec le suif qui vous
eschet de vostre maisel [1] ; mais tenez et vendez le suif de
vostre maisel tel quel vous eschet, sans le meisler aucunement, et celuy que vous achetez vous le venderez aprez qu'il
sera en vos mains et qu'il aura esté esgardez ; que sy vous
faites le contraire, vous serez à l'amende de la ville de
LX solz.

On deffend aussy à tous bouchers et à tous autres que
vous ne refondiez ny reglaichiés [2] suif de hernu [3], ne autre,
que de vos cousteaux avec suif de saison, à peine de xx solz
d'amende pour chacune paielle de suif trouvé ainsy refondu
et reglaichié.

Aucune femmes de boucher, ne aultres quy sont à l'estat
de boucher, ne fillassent laisnes audit lieu ny en aucune
maniere que ce soit, à peine de v solz.

Item vous, bouchers, ne vendez cuirs qu'ilz ne soient
entiers sans coppure ne contraire, car vous serez tenus de les
monstrer à un bout et à l'autre, sur peine de deux solz
d'amende pour chacune fois que ferez le contraire.

Aucun ne soit sy hardy, ni sy hardie, de faire laver trippes
à la fontaine de Bascon, à autre fontaine, ny aux ruisseaux
devant les murs, à peine de v solz d'amende, ains les aillent
laver à la riviere dehors les murs, et y a on mis esgardz.

Vous, bouchers, il est venu à la cognoissance du conseil
de la ville, que vous allez au devant des marchans amenans
suif et sain en ceste ville, et achetez leur dit sain et leur
suif, et n'en peuvent les gens en avoir, fors par vos mains.
Et pour ce est ordonné et deffendu que vous ne aultres
n'alliez ny envoyez au devant des dictz marchans, et que

1. Boucherie.
2. Glacer.
3. Mois de juillet.

n'en achetiez à eux aucun sain ny suif devant qu'ilz l'aient deschargez en la ville et veu et esgardé, à peine de xl solz d'amende, et auront les esgardeurs iiii deniers du cent de suif, et aussy est ordonné que ainsy en sera usé contre les marchans quy feront venir ou ameneront suif en icelle.

Item il est ordonné que sy aulcuns est avec vous ou avec aucun candellier à acheter aucun suif, il partira egallement dudit suif, et au pris que l'aurés acheté, et sy lui refusez, vous paierés x solz d'amende.

Item on vous deffend et aux candilliers, que n'ayez compaignie à marchander du suif ny de sain, à peine de xl solz d'amende.

Aucuns bouchers ne autres ne soit sy hardy que de vendre sain, suif, ne chandeilles, quy ne soient esgardez auparavant à peine de v solz d'amende.

Aucuns ne vende sain, où il y ait huille, sur peine de lx sols.

Item aura le suif de saison, quy sera bon et loyal, certaine merque ordonnée en l'eschevinage, et aussy au suif de hernu sera ordonné certaine merque par la ville differente l'une à l'aultre.

Aucuns ne meisle burre[1] ne sain avec suif ensemble, pour faire chandelles, sur peine de xx solz.

Aucuns ne vende, ne expose en vente suif, ne chandelles, quy ne soient aussy bonnes dedans que dehors, à peine de xx solz, mais soient bonnes et loyalles et de bon suif, et sy elle estoient de mauvais suif, elles seront reffondus et ne seront plus fait chandelles, mais le pourront les marchans vendre aux conreurs[2] ou ailleurs, où on le porroit bonnement emploier.

Item est ordonné que tous les suifs que lesdictz bouchers

---

1. Beurre.
2. Corroyeurs.

vouldront faire esgarder, ilz seront tenus les faire apporter
en la boucherie le mardy et le jeudy, et deffendons aux
esgardeurs qu'ilz n'esgardent aucun suif ausdictz bouchers
en autres jours que dit est, sy ledit suif n'estoit vendu pour
l'emporter tout aussy tost

Et ne soit aucun trippier, ny trippieres, ne aultres, sy hardis
que vendre trippes quy ne soient bonnes ; car sy elles estoient
trouvées mauvaises et corrompues, cil quy les vendroit
seroit à l'amende de LX solz, et sy tourniroit le mestier de
vendre trippes en la ville et banlieue, un an et jour.

Item aucuns trippier ou trippieres, ne aultres, ne venderont
trippes rechauffées, à peine de V solz.

On commande à tous bouchers et à tous autres qui venderont chair soursemée [1] hors de la boucherie ou aultres, que
avec icelle chair apportent pour vendre les escayes [2], la
courée [3] et trippes toute crue d'icelle chair, seront en amende de
X solz ; car s'il estoit sceu que iceux escaie, courée ou trippes
vendissiés ou alouissiés [4] en aultre lieu, vous serés couchié,
pour chacune fois que le cas y escherra et pour chacune beste,
en l'amende dessus declarée ; et ensemble deffendons à tous
trippier et trippieres et à tous aultres, que vous ne soiés sy
hardis, que d'acheter desdictes escayes, courée ou trippes pour
revendre, sur peine de LX solz d'amende pour chacune foiz,
et pour chacune beste dont vous aurés les choses susdictes.

Pour ce qu'il est venu à nostre cognoissance que aucuns
bouchers ou aucuns de vous vendés vostre suif à l'année ou
à aultre temps, par quoy les subjetz de la dite ville n'en
peuvent avoir pour leur usage, sinon par les mains des
regrateurs [5] ou revendeurs, nous commandons à tous bouchers

1. Qui a des grains de laderie.
2. Les restes.
3. Intestins, entrailles.
4. Donner.
5. Regrattiers, marchands en détail.

de ceste ville vendans suif quy leur eschet de leur maisel que icellui suif soit vendu et l'exposent en vente en la boucherie de ladicte ville, et non ailleurs, ne par aultres jours que mardy, jeudy et samedy, et les apportent en icelle boucherie à noeuf heures au matin, à laquelle heure lesdictz sujetz deladicte ville en pourront acheter pour leur usage ; mais ne pourront vendre lesdictz suif aucun bouchiers, ne faire vendre par aultruy à aucun regrateurs ou revendeurs, et ne les achetent iceux regrateurs et revendeurs jusques à xii heures, à peine de cent solz parisis à prendre sur le vendeur et autant sur l'acheteur, et pour chacune fois ; et commandons à tous esgardeurs de suif que vous ne marquez ou esgardez tel suif que dessus est dit, jusques à qu'il sera vendu en ladicte boucherie, ne ailleurs que en icelle, et ès deux jours dessus dictz.

Pour ce que les bouchers de ladicte ville de Monstreul ou aucuns d'iceulx ont en leurs maisons fossez, où ils mettent leurs ordures de bestes, et puis les wident quand il pleut et fait mauvais temps, et par lesdictes eaux de pluyes font aller icelle ordure en la riviere de Canche et ès fontaines de Bascon et de Bellevault, quy est grande corruption et villannie [1] aux subjetz et habitans deladicte ville, nous, par la deliberacion sur ce faicte, avons ordonné et ordonnons que chacun boucher d'icelle ville, de toutes les bestes qu'ilz tueront en icelle, meinent ou facent mener lesdictes ordures aux champs au dehors de la porte du Pont Riez, au delà des bornes et estacques [2] en veniaux, dès le jour ou le lendemain qu'ilz auront tué lesdictes bestes, sans les mettre en quelque aultre lieu en ladicte ville, sur peine de x solz pour chacune fois, et sachent les maistres et maistresses que sy leurs maisnies sont trouvez faisant le contraire, ilz seront contraintz paier icelles amendes et en auront les rapporteurs deux solz.

1. Chose désagréable.
2. Poteaux.

Item deffendons à tous bouchers, varletz, serviteurs et maisniers, que nulz ne porte chair en la boucherie de la ville pour vendre en icelle, qu'ilz n'ayent sur leurs corps aucun linge blancq dessous ladicte chair, sur peine de v solz parisis chacune fois qu'ilz feront le contraire.

Aucuns, de quelque estat qu'ilz soient, ne soit sy hardy de mettre en sa maison, ny en aultre lieu en ladicte ville et banlieue, aucun suif venant de dehors, que premier et auparavant il ne soit esgardés et visité par les esgardz de ladicte ville, à peyne de LX solz parisis d'amende pour chacune fois.

PATICIERS

Aucuns ne vende ne expose en vente chair, poisson cuit ou vollaille crue ou cuite, ne sauvagine[1], ne aultre chair, devant que les esgardz l'ayent esgardez, à peine de x solz ; et sy elle estoit vielle, soit la chair, poissons, vollaille ou sauvagine, elle sera jettée dans les fossez, et le vendeur fournira le mestier et la ville un an et jour, et sy paiera l'amende LX solz.

Aucun ne vende vollaille, chair, ne cuisine aucune, sy elle n'est bien cuite, à peine de x solz d'amende, et sera tenu de le reprendre en quel estat elle puist estre, et sy rendra l'argent ; sy l'on ne peut vendre aucun pattez rechauffez, ny exposer en vente à peine deladicte amende.

Item ne peuvent saller trippes, ne chair cuittes, pour revendre sur peine de v solz.

Aucune femme de paticier ou cabaretiers, ne autres, ne

1. Animaux et oiseaux sauvages.

peuvent, demeurant en leurs maisons filler laisnes, ny en ouvrer aucunement, à peine de cincq solz d'amende.

Tous paticiers et vendeur de chair cuite, sy vous achetez chair fraische en la boucherie, au moins celle quy doit estre vendue durant le jour, il vous le faut saller suffisamment sans delay ; car sy vous le laissés à saller aprez la derniere cloche sonnée, et qu'elle soit trouvée dans vos maisons, vous serés à l'amende de xx solz parisis vers la ville, et sy perdrez ladicte chair, et tenu de nommer le boucher à quy vous l'aurés achetée, et commandons aux esgardz d'y prendre soigneusement garde.

Item aucun paticiers ne boullengers ne peuvent tuer aucune beste, soit vache, boeuf, veaux, pourcheaux, ne autres bestes, qu'ilz ne soient esgardez auparavant, à peine de LX solz, et ne vendre aucune chair fraische ne aultre, qu'elle ne soit aussy esgardée, à peine aussy de xx solz.

Aucuns ne soit sy hardy ne sy hardie, hostelliers ne hostelliere, paticiers, regrateurs ne regratiere, quy achete ne sache achetter vollaille quelle quel soit, sauvachine, canes, poulles, burre, oeuf, formage, poissons, harencqz, maquereaux, ne aucune autre maniere de poisson, poires, fruictz, ne aucune maniere de harencqz en sa maison, ne dehors, ne soy tenir au marché, ny en la place où on vend les choses susdictes ne leurs varletz, facteurs ou maisnies, pour acheter aucune maniere de denrée, quy appartiennent à vivre, devant que tierce soit sonnée à St Sauve, ou que la vergue ne soit sonnée [1], *(sic)* et ne soient sy hardy d'aller audevant desdictes denrée, à peine de x solz ; et sy leurs deffendons, que si lesdictes volailles, sauvagine ou commune, ilz n'achetent à année, rendues en leurs maisons, ains les viennent querir sur le lieu, s'ilz cuident qu'elles y soient, à peine de xx solz d'amende, et n'ayent aucune compaignie, pour aller querir

---

1. Le scribe a mal lu. C'est le mot ferue au lieu du mot sonnée.

lesdictes denrées, à peine de x solz d'amende ; et aucuns, de quelque estatz qu'ilz soient, de n'acheter les choses dessusdictes, pour bailler ou revendre ausdictz paticiers, hostelliers ou aultres gens, sur peine de xl. solz d'amende.

Item est ordonné que aucunes femmes vendans poissons, harencqz, formage, fruict, figues et raisins, ne pourront filler laines en leurs maisons ou ailleurs, là ou elle feront ledit mestier et vendition, ensemble leurs servantes ou filles, à peine de v solz d'amende, pour chacune fois qu'elles y seront attaintes, et ne poisent[1] leurs fiques aux balanches, où ilz poisent leurs chandelles, sur ladicte amende.

Item est ordonné comme dessus, que aucuns poissonniers, paticiers, ne aultres quelconques, ne pourront vendre anguilles, ne autres poissons de douce eaue morts, sur peine de x solz d'amende, pour chacune fois qu'il feront le contraire, et sur peine de jetter lesdictes anguilles et poissons mort dans les fossez, sy ce n'est que lesdictz poissons ou anguilles ayent [esté] esgardez par Messieurs ou leurs commis.

Et vous paticiers, cuisiniers et cabaretier, il est ordonné par meure deliberation, que en vos maisons, là où vous ferez lesditz mestiers, vous ne fachiés, ny ne faciés faire aucune draperie, mestiers de laisnes, ne aultres ordures ou crasseries quelconque et deshonneste, à peine de xx solz d'amende, pour chacune fois que vous y serés trouvé.

Item il est ordonné, que pour eviter les noyses[2] et empeschemens que font les fruictiers à l'eglise Nostre-Dame du Dernestal, ès heures que l'on dit les messes, lesdictz fruictiers et fruictieres venderont leurs fruictz devant midy en la place St Saulve, et non ailleurs, sur l'amende de v solz sur chacun fruictier ou fruictiere faisant le contraire, et pour chacune fois qu'ilz y seront trouvez.

1. Pèsent.
2. Bruit, murmure.

Aucuns pasticiers, ne autres quy vendent viande cuite, n'achetent vollaille, sauvagine, anguilles ne poissons, pour revendre cru, ne tienne à leur estal, ne ait compaignie à aultre, à peyne de xx solz d'amende, et y a esgardz.

Item que nulz d'iceux paticiers, cuisans chairs en leurs fours, ne cuisent, ne rotissent deux manieres de chair ensemble, mais le facent chacun à part, et n'y mettent aucunes vielles graisses, à peine de v solz d'amende, pour chacune fois faisant le contraire.

Item que aucuns desdictz cabarestiers, ne paticiers, regratiers ne leurs gens ou maisnies, n'achetent ou facent acheter poulles, burre, oeuf, formage, ne autres choses quy apartiennent à vivres et gouvernement de creatures humaines, au vendredy et samedy, en un lieu que l'on dit le Val, auprès le Pont aux poirées, avant disner, ny après disner, que le commis à ce n'ait feru la verge, à peyne de x solz d'amende.

POISSONNIERS

Vous poissonniers, n'ayés aucune compaignie avec vous en deffendant *(sic)*, ny achetant en la ville, à peine de x solz d'amende.

Aucuns ne soit sy hardy que de mettre poisson en eschuppe, ny en sa maison, s'il n'est sallé, à peine de xx solz, jusques à soleil couchant, et soient tous les poissons amenez en ladicte poissonnerye, et non ailleurs, s'il arrive de soleil, à peyne de ladicte amende.

Aucuns ne laisse les trippes et ordures de poisson sur les hetaux ne dessous, à peine de v solz.

Aucuns ne vende poissons de vaiginel avec aultre, à peine de x solz ; mais s'ilz le veullent vendre, qu'ilz le vendent à part, à peine de ladicte amende.

Aucuns ne vende poisson farsy à peine de v solz.

Aucuns ne soit sy hardy, estrangers, ny privez, que de saller harencq avec du scel relavé, car ledict harencq seroit en la mercy de la ville et en lx solz.

Aucun n'ameine harenc de dehors, pour revendre en ceste ville, quy soit sallé de scel relavé, à peine de soixante solz, et de perdre le harencq, ne quy ait esté sur cuirs, sur batons, ne sur chair, et que aucuns ne les mette à la fumée, à peyne d'amende de x solz.

Aucuns poissonniers, ne poissonnieres, n'aillent contre les marées et poissons, s'ilz ne les ont acheté ou vont acheter à la mer, à peyne de vingt solz d'amende.

Item nous deffendons à tous cabarestiers, cuisiniers, poissonniers, que ilz n'ameinent nulles carpes, ne aultres poissons de eaue douce, ne mettent en leurs maisons ou exposent en vente, qu'ilz ne soient premierement veus et esgardez, à peyne de vingt solz d'amende.

Item pour obvier aux deceptions qui peuvent arriver de jour en jour, il est ordonné, que quand on aura aporté quelques gros poissons ou congres pour vendre en ladicte ville et poissonnerie, quy seront de la valeur de deux solz et plus, ilz seront ouvertz par lesdictz vendeurs, tant que les fiots et graisses seront bien veue, et ainsi premierement, et avant toute œuvre, et ainçois que l'on en vende quelqu'un ; et se lesdictz poissons estoient vendus avant qu'ilz fussent ouvert, comme dit est, pour ce lesdictz poissonniers ne differeroient de reprendre lesdictz poissons, s'ilz n'avoient fiotz et graisses raisonnablement, s'il plaisoit à l'acheteur de le rendre, à peine de cincq solz d'amendes.

Aucun poissonniers ny poissonnieres n'approchent pour acheter ne aultrement les marées, poissons et harencqz, quelz qu'ilz soient, apportez à vendre en la ville et banlieue devant midy, que la verge ne soit auparavant ferue, sy ce

n'est pour bailler estannaus[1] et bachins, à peyne de v solz
d'amende, pour laquelle il tiendra prison tant qu'il aura paié.

Item n'approchent lesdictz poissonniers et poissonnieres
pour acheter ne aultrement lesdictes marées, ne aucuns poissons apportez à vendre en la ville et banlieue aprez midy, que
premierement il n'ait esté exposez en vente l'espace d'une
heure entiere, sy ce n'est pour bailler estannaus et bachins,
à peyne de v solz d'amende, pour laquelle ilz tiendront prison
comme dessus.

Aucuns poissonniers n'eberge marchans de poissons ne
harencq, à peine de x solz.

Et ne vendent aucuns harencz ne scellens d'autruy, c'est
assçavoir plus de deux sommes ou de deux mandées de harencz
de saffare[2] par jour; plus d'une chartée de fraiz harencz
ou sellens par jour, à peine de dix solz d'amende; et ne les
pourront vendre que paravant ilz n'en aient prins congé des
esgardz; et aussy ne pourront les femmes ou maisnies desdictz
revendeurs de harencz vendre à detail aucuns harencq, que
on aura envoyé ausdictz revendeurs pour vendre en gros, à
peyne de x solz d'amende.

Et ne soit aucun revendeur d'aultruy, s'il ne baille caution
à la ville de paier aux marchans ce qu'ilz venderont du leur,
sy les marchans ne le consentent, et à ses perilz, à peine de
xx solz d'amende.

Aucuns poissons[3] ny autres ne vende, ny expose en vente
poisson quelconques, ne harencz, s'il ne sont bons et loyaux,
à peine de x sols d'amende pour chacune mandée de poisson,
et les jetter dans les fossez, et d'estre pugny de prison à la
volonté de la ville; et ne pourra aucuns vendre harenc qu'ilz
ne soient esgardez auparavant, sur peine deladicte amende

1. Réservoirs.

2. Mot employé dans la locution obscure hareng de saffare. (Ord[on] sur
les harencqs en 1320. Isambert, Anc[ennes] lois françaises.)

3. Probablement pour : « poissonniers ».

pour chacun cocquet[1]; et auront les esgardz, pour leur sallaire de chacun cocquet, II deniers sur le vendeur, s'il sont esgardé dans la poissonnerye, et s'ilz sont esgardé en aultre lieu, il auront de chacun cocquet IIII deniers.

Aucun ou aucune ne vende poisson ne harenc ensemble en la ville, ne formage, fruict, ny tienne eschoppe, ny boutique desditz formages et fruictz, à peine de xx solz pour chacune fois.

Aucuns ny aucunes ne soient revendeurs de fraische marée pour autruy, à peine de xx solz d'amende.

Tous poissonniers et aultres marchans, quy vouldront vendre harenc cacqués du pays de Seconie vendent icellui harenc au grand marchez ou poissonerie de Monstreul, au lieu et place où l'on [a] accoustumé les vendre, et ne soit aucuns ou aucune quy vend ou mesle destremper avec icelluy harencg autre harencg cacqué du pais pardeça, sur peine de x solz d'amende pour chacune fois; mais vendent icelluy harenc caqué de ce pais contre la chimetiere Nostre-Dame, et plus près du mur que faire se pourra, c'est assçavoir entre le lieu où on vend les trippes et l'hostel du Heaulme, à peine de x solz d'amende, et mettre à chacun cocquet de harencg de ce pais, et aussy aux cuviers où ilz les venderont, pour discerner des harencq de Seconie, une piece de drap bleu, à peyne de x solz d'amende.

Item il est ordonné que tous ceux quy ameneront poisson à vendre et le vendront par sommes en la poissonnerie de ladicte ville, paieront pour chacune somme I denier ; et ceux qui en aporteront à col ou sur leurs testes, pour chacune voiture une maille[2], quy seront payés au profit du varlet de la poissonnerie, pour ses peines et travaux qu'il a de wider les ordures des poissons quy se vendent en la pois-

---

1. Caque, tonneau, baril.
2. Petite monnaie de cuivre qui valait la moitié d'un denier.

sonnerie, et sy aulcuns est refusans ou dilayans [1] de paier lesdictz droitz, ilz paieront pour chacune fois XII deniers parisis d'amende.

MASSONS

Aucuns massons ne soit sy hardy de mettre en oeuvre ouvrier comme maistre, s'il n'est suffisant à ce; et s'il le faict, il l'amendera à l'ordonnance de la ville.

Aucuns massons ne soit sy hardy de recepvoir et mettre en oeuvre pierre, telle qu'elle soit carrée, coings, parpains [2], taulles, ne aultres matieres, qu'elles ne soient suffisamment faites à peine de dix solz d'amende, et s'ilz y voient fraulde, sont tenu de le paier à ceux à quy ilz feront l'ouvrage.

Et les carrieres quy livreront ladicte pierre trop petite seront à l'amende de v solz pour carreau, et des autres matieres à l'avenant.

Vous, marleurs, qui faites carrieres, gardez que vous ne les trouez en telle maniere qu'il n'y ait peril de fortune en la ville; car sy vous en estes attainct, vous serés à l'amende de LX solz, et pugnis à l'ordonnance de la ville.

MOUTARDE ET AULTRE CHOSE

Aucuns ne vende pain, ne fruict, ne viande cuite, moustarde ne formage, en l'escoppe où l'on vend graisse, à peine de v solz, et ne vende aucuns moutarde, sy elle n'est faite de

1. En retard.
2. Espèce de couteau ?

bon vinaigre et de bon senneveu [1], à peine de v solz pour chacune fois que l'on sera trouvé faisant le contraire.

Aucun barbiers, plettiers, menuissiers, ne face ne vende moutarde à peine de x solz d'amende.

Aucun n'ait fenenestre *(sic)* à sa maison par dehors, que on ne puisse aller à cheval par dessous, à peine de III solz.

On deffend que aucun ne face, ne arde cendre fors dehors les murs et forteresse de la ville, car quy en fera en icelle, soit de nuict, il sera à l'amende de xx solz, et s'il le fait de jou·, il sera à x solz.

CLOUTTIERS

Aucuns marchans quy vend cloux ne heberge marchans estrangers quy sont dudict mestier, à peine de x solz d'amende.

Item, pour ce que, quand aucuns marchans cloutiers de dehors ameinent cloux pour vendre en la dicte ville, et que les marchans de la ville vont au-devans d'eux et achetent leurs ditz cloux ès hostelleries où ilz se logent, leur disant qu'ilz n'en prendront nulz, s'ilz n'ont le tout, et pour ce subjet ilz n'estoient exposez en vente au lieu pour ce ordonné ; et aussy que plusieurs personnes de la ville n'en pou-voient avoir, sy ce n'estoit par la main des revendeurs, avons ordonné et ordonnons pour le bien publicq et proffit du commun, que doresnavant lesditz marchans cloutiers, quy ameneront cloux de dehors pour vendre en ladicte ville, les exposeront et metteront en vente entre prime et tierce en la place du Darnestal, et les y tiendront ou leurs varletz, sans eux partir jusques l'heure de midy, afin que ceux quy en voudront acheter en puissent avoir, à peyne de xx solz aux

1. Senevé. Avec la graine de cette plante on faisait la moutarde.

vendeurs, et xx solz d'amende aux acheteurs pour chacune fois.

Item aucun clouttier ny marchans clouttiers ne peuvent vendre cloux, qu'ilz ne soient bons et loyaux, car supposé qu'ilz en vendent aucuns quy ne vaillent rien, ilz seront tenus d'en bailler des bons.

Aucuns ne peut vendre vergus de grains ou bocquet, qu'ilz ne soient premierement esgardez par les commis, à peine de x solz d'amende.

Et aucuns eschoppiers ou regrattiers vendans moustarde ou sausse n'aient vergus de bocquet en sa maison ne ailleurs à luy apartenant, sy ce n'est pour leur usage, à peine de v solz d'amende et de perdre le vergus.

Item ne se meslent lesdictz eschoppiers regratiers vendans moutarde, sausse, figues, raisins, epiceries, formages, claré[1] et autres bruvages pour gouvernement de corps humain, par eux, leurs gens ou maisnies, d'ouvrer en leurs maisons, où ilz venderont les choses dessus dites, de drapperie et de autre graisse, à peine de xx solz d'amende, pour chacune fois ; et outre deffendons ausdictz eschoppiers, regrattiers et aultres, qu'ilz ne vendent ny exposent en vente en ladicte ville et banlieue, figues et raisin en detail ou en gros, que paravant ilz ne soient esgardez par les commis, à peine de v solz d'amende pour chacune fois, et pour chacun friel[2] ou toupet.

Vous, eschoppiers, quy avez acoustumé de vendre bauchet[3] et tizanne, on vous commande que doresnavant vous ayez desdictz bauchet et tisane, et que vous en delivriez à tous ceux quy en voudront avoir, le pot dudict bauchet pour IIII deniers, et le pot de tisane pour II deniers, à peine de v solz pour chacune fois que ferez le contraire, et estre pugny de prison ; et sy vous estes trouvé sans avoir dudit bauchet et tisane, vous serés pour chacune [fois] à la dicte amende de v solz.

1. Vin de liqueur.
2. Freel, fraiel, friel, panier de jonc servant de mesure.
3. Sorte de boisson. (Du Cange.)

CHARBONS, FAGOTS ET LATTES

Qui voudra amener vendre en la ville et banlieue aucunes laisnes [1], fagotz, lattes, vergue, ou mairiens [2], qu'il les ameine en l'estable à place ordonné pour les vendre, et qu'elles ne soient aussy bons dedans que dehors, à peine de v solz d'amende de la chartée et charée, et pour la chevallée [3] xII deniers pour chacune fois.

Item quy voudra vendre ou delivrer en ladicte ville et banlieue aucunes laignes ou fagotz ou gloes [4], taut que les fagotz ayent VII paulmes [5] de gros parmy le hart [6], sans fueilles et sans bouton, et sans villaine fourure, et paré de parures raisonnables ; et la gloe faut qu'elle ait au menu bout poing et poulce de gros, de III pieds et demy de long ; et n'en delivrer aucune quy soient plus de deux marques ; et la laisne soit bonne et suffisante de pais dont elle vient, sçavoir du therin et non du couppier et, que elle soit aussy bonne dedans que dehors, à peine de v solz d'amende, et sy ne soit les gloe crenée [7] plus de deux crens [8] sur une gloe, sur pareille amende, et la gloe à gueule ne soit jamais crené sur ladicte amende.

Item quy voudra amener laignes de Boullenois se garde que chacun faie de rive ? ait sa hache et son compaignon, et

1. Bûches.
2. Bois à bâtir, bois de charpente.
3. Charge d'un cheval.
4. Bûches, pièces de bois.
5. Mesure large de quatre doigts.
6. Corde, lir du fagot.
7. Entaillée.
8. Entaille.

soit de therin et non de couppier[1], et ait ladicte laigne sa droite
mesure et longueur, sçavoir : noeuf piedz, à peyne de v solz
d'amende ; et quand aux laisnes de Ponthieu, elle sera de
pareille longueur, et ceux quy les venderont seront tenus de
bailler et livrer xviii bastons pour le mois, et ne soient
lesdictes laignes de Boullenois, de Ponthieu ne d'aultre pais
amenées en ladicte ville et banlieue, escachiés[2] ne diminuées,
et sy soient de grosseur competente, sur pareille amende de
v solz.

Item nous statuons et ordonnons en declarant et en ampliant
les anciens editz et ordonnances de la ville cy dessus conte-
nues, que quy voudra vendre et delivrer fagotz en ladicte
ville et banlieue, que iceulx fagotz soient telz qu'il s'ensuit ; c'est assavoir, de vii piedz et demy de long, parmy
le bale, de sept paulmes de grosseur, parmy la harcelle ; et
sy soient faitz de bon bois sans fueilles, sans boutons et sans
quelque villaine fourrure d'herbe, de mousse, ne aultre chose
que communement l'on appelle laine du bocquillon[3], et
soient lesdictz fagotz furnis de quatre parures bonnes et suffi-
santes de quatre piedz et demy de long, et de six poulces de
grosseur par le milieu, à peyne de v solz pour chacune
chartée.

Item, qui vouldra amener en ladicte ville et banlieue, braise ou
charbon en sacqz, faut que les sacqz soient de droite mesure,
c'est assçavoir de demy cuve, de cuve et de deux cuves,
car sy ilz sont aultres, ils seront bruslez, et la braise ou
charbon confisquez à la ville.

Aucun ne soit sy hardy que pour revendre achete charbon,
cauch ne mairien, latte, vergue ne aucune maniere d'ostil[4],

1. Ramure d'arbres.
2. Ecartées, disjointes.
3. Bûcheron.
4. Outil.

devant que la grand messe soit chantée, à peine de v solz.

Aucuns ne vende en ladicte ville vergue qu'il n'y ait en la botte demy cent, à peine de v solz d'amende, ne bottes de lattes de chesne, qu'il n'y ait demy cent, ne de blanc bois, qu'il n'y ait en chacune botte un carteron, sur peine de ladicte amende.

Aucun ne soit cy hardy que de vendre laignes, mairien, ne fagotz sur chariot ne charrette, s'il n'est ou sont aussy bonne dessous que dessus, ou il les deschargera, à peine de v solz, et aucuns ne vende latte ne vergue, quy ne soient aussy bonnes dedans que dehors, à peine de v solz.

Vous, mesureurs d'aisselin [1], nous vous commandons que toutes manieres d'aissellin, que vous mesurez bien et loyaument et ostez tous le faux bois, le ventelle et wil, car s'il est trouvé qu'il ait aucun deffault en vostre mesurage, vous rendrez le dommage quy l'auroit acheté, et aurés sallaire pour mesurer vi deniers du cent.

Aucun ne vende sacqz de charbon en la ville et banlieue quy ne soit de la muison [2] de ceste ville ; et sy on le trouvoit faux, ilz perdroient le charbon et le sacq ; et sy on ne vendra en destal, fors que en la place devant l'eschevinage ; et sy ne face aucun accroire que le charbon soit vendu, s'il n'est esgardez, et aucun vendeur ne le rencherisse, puis qu'il aura esté affoeré, ny aucun ne porte charbon qu'il ne soit vendu, à peine de v solz d'amende.

Aucun mesureur ne mesurent ny ne portent charbon après jour failly, à peine de v solz.

Aucun quy ameine à charroy, à somme [3], ou aultrement charbon ou braise en ceste ville, ne soit sy hardy qu'il le vende ny expose en vente, sy ce n'est en la place, et là soit vendue et delivré à la mesure de la ville, sur peyne de perdre

1. Madrier, pièce de bois de charpente, propre à couvrir les maisons.
2. Mesure.
3. Selle, bât.

le charbon ; et sy aucun ou aucune vend charbon ou braise
à mener dehors ceste ville à la maison de l'acheteur, il faut
que ledit charbon soit auparavant mesuré   la mesure de la
ville, à peine d'amende, c'est assçavoir sur celluy quy aura
vendu le charbon ou braise d'estre confisqué à la ville, et
celluy quy le recepveroit de v sols parisis à la ville.

Aucun n'ameine mauvais charbon meslé avec du bon ny
aultrement, car sy ainsy estoit, ledict charbon seroit confisqué
à la ville.

Aucuns vendeurs d'asselins ou cartiers de chesne ne fache
descongnoissance[1] à iceulx asselins ou cartiers, par quoy les
mesureurs desdictz asselins et quartiers et aultres ne peussent
voir et congnoistre le cœur du chesne envers l'aubun[2], sur
peine et amende de x solz et ledict asselin descongnu, à la
volonté de la ville.

Item que lesdictz vendeurs d'asselin, quand ilz les exposeront
à vente en ladicte ville, ne laissent plus de trois ais[3] ensemble, .
par quoy icelluy asselin puist justement et raisonnablement
estre veu et mesuré, à peyne de xii deniers pour chacune
piece où il auroit plus grand nombre.

Item nul ne soit sy hardy de vendre ou de livrer en ladicte
ville et banlieue fagotz, gloes, longue laigne, ne autre venant
de quelque pays que ce soit, sy elle ne sont de la longueur,
de la grosseur, et des conditions cy-devant dites, à peine de
v solz d'amende pour chacune charée ; et en oultre avons
ordonné que lesdictes laignes et fagotz seront esgardez par les
personnes cy-après nommées qu'avons commis, c'est assçavoir par Engurend Quinerit, Pierre de Sept Fontaines, ser-
gens à verge, Jehan Wasselin, sergent forain, Jehan Vas-
seur, cheppier[4], Baudin de le Cappelle et Pierre Floquet ou

---

1. Altération qui empêche de connaître.
2. Bois blanc.
3. Planches.
4. Gardien de la prison et de l'hôtel de ville.

les deux d'iceulx, et sy deffendons à tous les subjetz de ladicte ville et banlieue que aucun n'achete ou reçoyve, mette ou face mettre en sa maison lesdictz fagots, gloes et laignes, qu'elles ne soient premierement esgardez, à peyne de v solz parisis d'amende pour chacune charée, en quoy encourront les acheteurs et vendeurs, et seront payez lesditz esgardz et aux despens de la ville pour cest an à commencer à besongner par lesditz esgardz à la Chandeleur prochainement venant et non devant.

Item, pour ce quy est dessus touché de poings, de paulmes, de poulces et de piedz, nous declarons, statuons et ordonnons que le pied doit contenir onze poulces, selon l'estallon de la ville ; la paulme, quatre poulces ; et sy ordonnons et statuons oultre, que les gloes rondes, qui seront de longueur dessusdicte et auront poing et poulce, quy sont huit poulces, à les mesurer à demy pied près de la fin du menu bout, les gloes fendues en deux auront poing et deux poulce, quy sont nœuf poulces, à les mesurer au lieu que dessus ; celles fendues en trois, auront poing et trois poulces ; les gloes fendues en quatre auront poing et quatre poulces, quy est un pied, et se mesureront tousjours lesdictes gloes à deux pied près du bout menu, comme dit est.

BATTEURS DE VERGUS

Aucuns quy batte vergus ne soient sy hardys que acheter aigret [1], bocquetz, ne vergus, sy ce n'est pour leur usage, et sans fraulde, à peine de v solz d'amende, et ne vende aucuns vergus à la croix, s'il n'est auparavant veu et visité, et qu'il soit bon et loyal, à peine de ladicte amende.

1. Verjus, raisin aigre.

Item on deffend à tous batteurs de vergus, que ilz n'en battent aucun pour eux, ny pour aultruy, avant soleil ievant, ny après soleil couchant, sur peine de v solz d'amende.

Item on commande ausdictz batteurs que tous les pressis [1] qu'ilz feront desdictz vergus, ilz les laissent en un monceau auprès de eux à terre, jusques à trois jours qu'ilz les osteront et feront mener aux champs.

Item aucuns quy battent vergus n'aproche ne fache approcher la place là où on vent les aigretz et raisins, pour y acheter vergus pour eux ne pour aultruy, jusques à heure de place, à peine de v solz, ny fache acheter par autruy, sur peine de ladicte amende.

DRAPPIERS ET LAINES

Vous drappiers, achetez bonnes laines et loyalles et vendez bons drapz et loyaux, quy ne soient gardeuses ne mauvaises.

Aucuns n'achetent laisnes en la ville et banlieue et ne le vendent, sy ce n'est pour les esgardz de ladicte ville, à peyne de xx solz.

Et sy aucun veult vendre laine pour telle qu'elle est, qu'il le vende et marque aux peaux, et ceux quy ne le venderont pour telle qu'elle sera, il en rendra, sy ce n'est de lambiers, (?) coteux et gardeux [2].

Aucun n'achete laisne en la guihalle [3], ny revende, quy ait esté refusée à l'esgard de la ville, à peine de x solz.

Aucun peseurs de laisnes n'appelle marchant de laisnes,

1. Matière pressée.
2. Préparés avec un instrument appelé carde.
3. Halle où se vendaient les laines, la toile ou autres marchandises.

ny n'ait sa compaignie avec luy, à peine de LX solz, et soit ledict peseur demain au plaid.

Aucun peseurs de laisne ne pese laines par nuict, ne fache peser, à peine de LX solz.

Aucuns n'achete ny vende en la ville et banlieu laisne pingnée [1], eslite [2], ne gratusiée [3], loisset [4] ne fillure [5], s'il ne le font savoir premierement à Monsr le Majeur, à peine de xx solz.

Vous, vendeurs de blanc fillets, que on dit saiette [6], vendez filletz quy soient bons et loyaux, et aussy bons dedans que dehors, car celuy quy fera le contraire, il payera v solz, et ne sera tenu l'acheteur de prendre ledict fillet; il y a esgardz.

Et ne vende ny apporte nulz filletz en sacqz de cuir, s'il n'y a linge blanc entre deux par tout le sacq, à peyne de v solz pour chacune fois.

Aucuns, tel qu'il soit, ne vende ny achete fillet en ladicte ville à marchant privé ny estrange, quy soit aporté le vendredy, sy ce n'est le samedy au matin, au lieu où l'on a accoustumé vendre iceux, à peine de x solz au vendeur, et x solz à l'acheteur.

Aucuns laisniers de ceste ville n'ait compaignie à marchant estranger, ne luy ne sa laisne ne heberge sur LX solz.

Aucuns ne soit courtier de laisne en la guihalle, s'il n'a fait le serment, à peine de v solz.

Aucuns n'ameine laisne en la guihalle ne dehors, quy soit mouillée, et qu'il faille ressuyer, à peine de x solz d'amende pour chacune pierre *(sic)*, et quy ne soit bonne et loyalle, et que

---

1. Peignée.
2. Excellente.
3. Mauvaise laine, avec de la bourre.
4. Échevau, pelote.
5. Chose filée.
6. Etoffe légère de laine, qui est une espèce de serge.

chacun lambiers ait son coler, ou aultrement il le perdroit, et le vendeur ou venderesse sera au meffait de la ville, et a on commandé aux esgardz qu'ilz gardent que chacun lambier ait son dict coler.

Aucuns estrangers ne privez n'achete laisnes ne peaux à cothonnier pour revendre le jour qu'il l'aura acheté, sur l'amende de x solz, et y mettra on esgard ; ne nul n'aille acheter contre les marchans, sy n'est devant la halle à laisne sur ladicte amende, et ne vende aucuns ne mette en œuvre laisnes de loquetz [1], ne de pelures [2], que premierement elle ne soient esgardées, à peyne de ladicte amende.

Aucun n'achete laisnes dedans la guihalle, ny dehors, le samedy devant que l'on ayt feru la verge, sur v solz d'amende, et ne vende aucune laisnes de lambiers lavés, se n'est dedans ladicte guihalle, à peyne de v solz d'amende.

Aucuns marchans regratiers de laisnes ne soit sy hardy que d'amener laine en sacq, d'Angleterre ne d'ailleurs, quy ne soit esgardés avant de le vendre, à peyne de lx solz, et en auront lesdictz esgardz de chacune sarpelliere [3] ou fardeau, xii deniers, et seront tenuz lesdictz marchans quy les ameneront de coudre leurs fardeaux ou sarpelliere de bout à autre, pour mieux voir lesdictes laisnes.

Aucuns ne soit sy hardy, ne sy hardie, que de vendre blancques, fais de gratuise [4] et de laisnes à eaue, avec les autres blancqtz ; mais quy les voudra vendre, qu'il les vende auprès les tiretaines [5], sur x solz, ne aucuns soit sy hardy que telz manieres de blancques vend en sa maison, ny ailleurs, qu'il ne le die à l'acheteur, dont il sera fais ; car

1. Flocons de laines qu'on peut carder ?

2. Toisons.

3. Grosse toile servant à emballer les marchandises ; certaine marchandise de laine que l'on nommait communément une serpelière d'Angleterre en 1419.

4. Bourre, mauvaise laine.

5. Sorte de droguet de drap grossier, moitié laine, moitié fil.

quy autrement le fera, il rendra l'argent à l'acheteur et paiera x solz d'amende, et y a on mis esgard.

Aucune tonderesse, quy va ouvrer en la maison d'autruy, ne fache saye blancque, ny blancquette, sur peyne de v solz.

Et ordonnons à vendre et exposer en vente, les drapz scellées à plomb de bonne ville de loy ancienne, en la halle dessus vers la Croix d'or.

Laingneresse, pingnés les laisnes bien et loyalement, car sy les drapz estoient begres par faulte de vos ouvrages, vous rendrez les dommages, et sy payerés pour le drap v solz, pour le demy-drap, ii solz vi deniers, et des aultres pieces à l'advenant.

Gardeur et garderesse, gardez les laisnes que vous ouvrez, qu'elles soient bien et suffisamment, car sy les drapz estoient begres par vos fautes, ne les laisnes arses, vous rendrez le dommage et paierés d'amende pour le drap v solz, pour le demy-drap ii solz vi deniers, et des aultres pieces à l'avenant; et ayez escourcheux[1] de cuir, quand vous gardez, et non de linge, sur l'amende de v solz.

Item, nous deffendons que aucuns drappiers ne aultres en ladicte ville et banlieue de Monstreul, fache, ny fache faire pour vendre ny aultrement, drap à trame de boure, à peyne du drap estre confisqué, et d'estre pugny de prison à la volonté de Messrs.

Et aucun ne mette croye[2] en drap blanc sur v solz.

Item, ordonnent mesditz seigneurs que les drap d'aignelins[3] seront scellés de plomb d'un nouvel scel à l'aignelet et fleur de liz, pour bailler congnoissance que ce sont drapz d'aignelins; et au cas qu'il y auroit à dire et qu'ilz ne soient dignes d'avoir ledict scel, ilz seront signez d'un signet de cire à

1. Tabliers.
2. Craie.
3. Laine d'agneau.

l'aignelet ; et sy deffendons sur amende de x solz, que lesditz drapz d'aignelins ne soient aucunement tilliés [1] au taindre [2], comme les draps de mere [3] laine.

Item tous drapz d'aignelins et de pelures ne seront point meslez avec les aultres bons drapz de mere layne, mais seront separez, sur x solz d'amende pour chascune fois.

Item pour ce qu'il est venu à cognoissance que plusieurs en ceste ville vendent et distribuent drapz, tant en gros comme en detail, aux subjetz de ladicte ville et autres estrangers, sans tenir boutiques ouvert, et sans faire esgardez lesdictz draps aprez qu'ils sont tainct, comme font et sont tenus de faire lesdictz detailleurs et marchans publiques ; et par ce que, par faute de tainture ou aultrement, pourroit venir eschandel [4] à le drapperie de ceste ville, nous avons ordonné et ordonnons que aucun, en particullier ny aultrement, ne vende ou distribuent drapz tincts, en gros ou en detail, ne les tienne en sa maison pour ce faire, sans les avoir faict esgarder aprez lesdictes teinctures, sur peine et amende de xx solz pour chascun drap.

Et encore pour ce qu'aucuns qui vendent en leurs maisons drapz qu'ilz ont drappez, blancqz ou teints, et sous ombre de ce, vendent et detaillent avec lesdictz drapz autres drapz qu'ilz achetent, et les detaillent sans paier l'imposition pour ledict detail, nous avons ordonné et ordonnons que lesdictz revendeurs seront tenus de paier ladicte imposition ; et aussy deffendons, que avec iceux drapz qu'ilz detailleront, ilz ne detaillent point aultres drapz, s'ilz ne tiennent boutique ouverte.

Item est ordonné que tous detailleurs de drapz soient

1. Teillier.
2. A la teinture.
3. Pure.
4. Scandale.

chauceteurs, parmetiers [1], tisserans, pareurs [2], ou aultres tenans boutique et vendans publiquement, ne porront vendre ou detailler drapz en ladicte ville et banlieue en leurs maisons ne ailleurs, que premierement, le samedy jour de marché, ilz n'aient furny du moins un estal en la halle, sur l'amende de LX solz parisis, et se avec ledict estal furny, s'ilz veullent vendre en leurs maisons, faire le pourront.

Item pour amplier [3] le drapperie de ladicte ville pour le bien commun d'icelle et des subjetz, est ordonné et permis que chacun pourra faire ou faire faire en ladicte ville et banlieu, toutes manieres de drapz, soient drapz fins, drapz communs pour porter le scel, et aussy aultres menus et petits drapz en maniere de doublures, et autres pour porter, c'est assçavoir les drapz d'aignelins, le scel à l'aignelet, et les aultres mal faitz porteront signet de cire seulement, et paieront telle amende qu'il appartiendra, s'il sont mal faits, mais non point pour la largeur, en tant qu'il touche lesdictes doublures, et quand ausdictz draps d'aignelins, ilz seront faits et tissus en XVe du moins.

Mais aucun drap ne se pourront faire, où il y ait boures ne penes en ladicte ville et banlieue.

Item les drappiers de ladicte ville seront tenus de faire tiltre [4] leurs blancquetz [5] de mere laisne en XVe, du moins sur peine de LX solz, et seront tous les estains [6] filletz à la quenœuille sur ladicte amende, et sy seront tenus de mettre livre à l'aulne ou environ de bonne et lealle laisne.

1. Tailleurs.
2. Ouvriers qui parent les draps.
3. Accroître.
4. Tisser.
5. Probablement couvertures de drap.
6. Laine peignée servant à faire la chaine du drap.

Item les drappiers de ladicte ville porront faire leurs merlez et visez en xiiii, ou moins, se bon leur semble, pourveu que leur lez seront aussy longs qu'ilz estoient en xv, et au gauge de fer de la ville, et ce sur peine de soixante solz.

Item pour les bonnes gens du village du pays, pourront doresnavant aporter à tiltre et parer leurs drapz en ladicte ville et banlieue de Monstreul, pourveu qu'ilz soient portez à l'esgard de l'escru et du pareur, en paiant le droit comme ceux de la ville. Et sy lesditz drapz ayant le scel ou enseigne de la ville sont vendus en ladicte ville en gros par ceux quy les auront faict faire, ilz ne paieront riens pour la vente à ladicte ville.

Item seront tenuz les personnes qui viendront au pont, pour avoir laines à garder, d'apporter et monstrer les gardes, desquelles elle voudront garder, et ne pourront garder de pires gardes, que celles qu'elles auront monstré, sur peine de trois solz d'amende pour chacune fois.

Item est ordonné que à tous drapz tissus et parez en ceste ville, l'on mettra l'enseigne de deux filletz de lisse en la maniere accoustumée, afin qu'ilz vienne à l'esgard et soient esgardez, et ce sur l'amende de xx solz.

Item l'on pourra amener et vendre en gros et à detail en ceste ville de Monstreul fin drapz de dehors, comme de Lille, Menin [1], Werin, Hipre [2], Saint-Omer, Rouen, Mons-tiervillers [3], Abbeville, Hesdin et autres bonnes villes, ayans et portans sceaux desdictes villes et aultres notables villes et lieux previlegiez, pourveu qu'ilz soient du pris, c'est assça-voir : les gris et blancques de seize solz, et les aultres drapz d'aultres coulleurs de dix-huit solz l'aulne et au-dessus, moyennant que avant on les puist vendre, on les apportera

---

1. Ville de la Flandre occidentale.
2. Ypres.
3. Montivilliers.

à l'esgard prochain, aprez qu'ilz seront amenez en ladicte ville, sur paine de dix livres parisis pour chacune fois et pour chacun drap, sauf touttefois l'ordonnance faite par le prince touchant les drapz d'Angleterre.

Item que aucun ne porte ny fache porter ses draps esbrouer [1] à aucun molin, sur peine de cincq solz pour chacune fois et chacun drap.

Item pour ce que on fait de present plus de doublures qu'on ne souloit, est ordonné et statué que pour difference desdictes doublures aux drapz d'aignelins, ilz feront tistre une escrolle [2] de estrange coulleur au premier bout desditz drapz de doublures, et ne se pourront faire lesdictes doublures moins de xiie sur l'amende de vingt solz.

Item est ordonné que les doublures dessous xxiiii aulnes, paieront au fermeer [3] xii deniers parisis, et au-dessus une maille de l'aulne.

Item on commande et deffend, que aucun ne vende ny achete en gros ny en detail, ne fache vendre ny acheter par autruy en ladicte ville et banlieue, aucuns drapz forains non faitz en ladicte ville et banlieue, et qui n'aient passez par l'esgard d'icelle, sur peine de confiscation desditz draps au profit de ladicte ville, excepté, sauf et reservé touttesfois les fins draps des bonnes villes, dont cy-dessus est fait mention, et pourveu qu'ilz soient, quand aux gris et blancz, du pris de xvi solz l'aulne et au-dessus, et quand aux aultres drapz teincts en coulleur, de xviii solz l'aulne et au dessus, selon que dessus est dict et plus à plein declaré.

Pour ce qu'il est venu à la cognoissance de nous majeur et eschevins de ceste ville de Monstreul, que aucuns drapiers et marchans de drapz, usans de tromperie et fausse mar-

1. Oter du drap les fils, les pailles et autres ordures qui peuvent s'y trouver.

2. Lanière.

3. Fermier.

chandise, se sont mesléez de embourer drapz, et encor, pour
plus leur donner lustre, les ont mouillié en alun, quy sont
œuvres desloyalles, tournans journellement au detriment du
pauvre peuple, pourquoy avons ordonné que à tels et
aultres drapz, quy ne seront faitz selon les editz, ne sera
ataché le sceau de ladicte ville ; sy deffendons aux esgardz à
drapz de ceste ville de bailler le sceau aux drapz ainsy
estoffez et falsifiez que dit est, quy leur seroient presentez
pour sceller, leur ordonnant les renvoyer et faire paier
l'amende sur ce introduite.

Pareillement est venu à notre cognoissance que aucuns
marchans viennent acheter drapz en ceste ville portans le
sceau d'icelle, les portent en leurs maisons, et illec ou ailleurs
les font rembourer ; et ce fait, les vont vendre ès villes ou foires
estranges, ayant ledit sceau, soubz coulleur duquel sont
tost recueilliz ; et toutesfois ledit rembourement porte scandale à ladicte ville et dommage au peuple ; pourquoy nous
avons ordonné et ordonnons que lesdites mesuz [1] et tromperies seront de par nous divulguées par touttes les villes de
loy, foires et marchez, où nous pourrons sçavoir que telz
drapz se portent vendre, afin d'eviter lesdictes tromperies et
abus.

Tous ceux qui presenteront drapz à l'esgard embourez,
paieront d'amende à la ville dix solz parisis pour chacun
drap.

CHAUSSETEURS

Vous chausseteurs [2], nous vous commandons que de tous
les drapz et piecches dont vous ferez voz chausses, que vous

1. Abus, méfaits.
2. Fabricants de chausses.

gardez, que toutes lesdictes chausses d'iceux drapz ou pieches
soient vendúes, le signe ou scel d'iceux drapz ou pieches,
et coppez, icelluys signe ou scel de poulce et demy ; et sy
l'attacquez[1] à une des chausses dudit drap ou pieces, par quoy
quand on ira voir vos dictes chausses, vous leurs puissiés
monstrer et dire : « voilà le drap scellé ou signé, dont nous
avons faict lesdictes chausses » à peine de x solz d'amende
pour chacune piece de drap et pour chacune fois ; et sy
faites lesdictes semelles desdictes chausses d'aussy bon drap
que les corps d'icelles chausses, sur l'amende de xii deniers
pour chacune paire et pour chacune fois.

Item aucuns chausseteurs et parmentiers manans en ladicte
ville et banlieue ne tienne, ne se entremette en leurs maisons
du mestier de pareur, et ne met à perche drap, sur xx solz
d'amende pour chacune fois et pour chacune piece.

Et pour chacune fois, et sy seront tenus faire debourer lesdictz drapz qui seront marquez par lesdictz esgardz, et les
rapporter au prochain esgard ensuivant, à la peine de ce
introduite pour sçavoir s'ilz auront esté presentés ou non.

TEINTURIERS

Teinturiers, teindez bien et loyaument les laisnes qu'on
vous portera à teindre, selon les estallons d'icelles, à peyne
de v solz d'amende.

Il y a esgardz aux laisnes pour voir sy elles sont bien
teintes.

Teinturiers, quy teindés les laisnes d'aultruy, on vous deffend le draper de laisnes de coulleur, à peyne de x solz
d'amende et de perdre le mestier, à la volonté de la ville ; et

---

1. Attachez.

sy vous voulez teindre vos laisnes tant seullement et draper,
faire le pourrez et ne delivrez aucunes laisnes teintes, qu'ellez
ne soient esgardez auparavant, sur peine de v solz pour chacune fois.

Teinturiers, gardez que les laisnes que vous teindrés, ne
soient bien teintes partout, et qu'il n'y arrive du mal ;
d'autant le teinturier qui auroit mal teint, l'amenderoit ou
paieroit à celuy à quy le drap appartiendroit et à la ville.

Et sy on deffend à tous teinturiers que vous laisnes teintes
en same [1] ne mettez en garde, à peine de xx solz d'amende
et vous et vos varletz serez demain au plaid.

Vous drappiers de ceste ville ne mettez point de teintures de same, ne de gauguier [2] en voz drapz, ne en voz
merlures [3], sur LX solz d'amende ne le drappier estranger
n'eust à en mettre en ceux qu'il ameine vendre en ladicte
ville ; et aucuns quy teint en same, ne teine drap noeuf ny
bay [4], sur x solz d'amende, sy ce n'est sur la licence du majeur
et de mess^rs.

Les teinturiers peuvent prendre gaiges de leurs teintures
à l'esgard de la ville.

Item que les laisnes que l'on voudra teindre en garde et
après l'esgarde en couleur telle qu'elle soit teinte en garde,
premierement à tous ceux quy doivent avoir esgard, et avant
que on le boulle [5], excepté sanguine berichaude, sur l'amende
de xx solz.

Puis leur deffendons qu'ilz ne mette nulle laisne de m.....-
trise, c'est assaçavoir raisine, chau, cendre de florece [6], ny

1. Sureau.
2. Sorte de noyer.
3. Mélanges.
4 Etoffe pour jupes.
5. Bouille.
6. Sic pour : Florence ?

de cendre de buhet (?), sy ce n'est au bresil [1], ne de aucune aultre maistrise sur l'amende de xx solz.

Item quy les voudra esclarcir, qu'il les mette en froit garde, par le congé des esgardz et non aultrement, sur l'amende de x solz. ·

Item on commande aux teinturiers, à leurs femmes et à leurs maisnies, que ilz tiendront bien et loyallement tout ce que dit est et qu'ilz en jureront par leurs serments.

Item nous leur deffendons que ilz ne delivrent nulle laisne quy n'estoit avant toute œuvre esgardée, sur l'amende de v solz pour chacune fois.

Il est ordonné que aucuns teinturiers n'ait varlet, servante, quy drappe et face drapper ; et sy ledit varlet ou servante drappoient ou faisoient drapper, il les amenderoient à la ville de Lx solz et perdroient le mestier an et jour, et sy les maistres ou maistresses le faisoient ou faisoient faire au proffit de leurs maisnies, ilz perdroient le mestier an et jour, et l'amenderoient à la ville de Lx solz ; et en seront tenu de jurer touttes fois que requis en seront, tant le maistre que varlet.

Item quy voudra drapper noire laisne, telle qu'elle vient de la beste, faire le pourra avec un peu de blancque, et laisnes teintes en garde ou garance, sans y mettre same ne nulle autre fausse teintures jusques la volonté de mess[r]s, sur Lx solz d'amende.

Teinturiers, teindez bien tous drapz et toutes laisnes qu'on vous baillera et leur baillés telle garence qu'il apartient auparavant bouillir et de garancier ; et ne les boullés garancié, ne delivrés sans prendre les trois congés à chacune fois, et à part luy, sur peine et amende de xx solz pour chacun congé non pointé.

Aucuns ne maisne ne face mener ne porter hors de la

---

1. Bois rouge propre à la teinture.

ville, ne vienne querir en icelle ville, drapz ne laisnes, pour
les teindre ne les rapporter teintes en ladicte ville et banlieue
des petites teintures de same, d'orsailles[1] copperos[2],
noix de galles, limures de fer, bresil, raisin, rachines de
gauguier[3], platte, d'aunes, plattes de merliers, licquemons ?
ne autres estofles non comprinses des bonnes teintures, quy
se font de garence, de vaud ? de garenche et d'alun et aultres
bonnes estoffes, sur peine et amende de confiscation desdictes
laisnes et drapz de dix livres parisis d'amende pour chacune
fois que le cas y escherra, et de pugnition de prison à
l'ordonnance de Messrs.

Pour pourveoir au bien commun de la ville et eviter le
scandale quy a esté le temps passé en la drapperie d'icelle, à
cause des laisnes et pelis[4] et aignelins, quy ont esté mises en
ladite drapperie en telle maniere que icelle drapperie a esté
deboutée de franche foire ès bonnes villes où ladicte drapperie a esté portée et exposée en vente, nous avons ordonné
et ordonnons par meure deliberation, que sur ce avons eu
avec les gens du conseil et notables marchans de drapz
de ladicte ville, que doresnavans quy voudra faire en
icelle ville ou banlieue drapz gris de sorte, sy les fache de
bonne [et] mere laisnes, sans y mettre laisnes de pelis ne
aignelins, sur peine de lx solz parisis pour chacune fois
que on trouvera le contraire.

Item, et ne teinent ou face teindre aucuns des subjectz de
ladicte ville et banlieue aucunes laisnes de pelice et aignelins,
telles qu'elles soient, ne les mesler en gris de sorte, mais
ceux quy en ladicte ville et banlieue voudront ouvrer desdictes
laisnes de pelisce et aignelins, en facent blancquets et bisets

---

1. Orseille.
2. Couperose.
3. Néflier.
4. Laine de qualité inférieure tirée des peaux de moutons tués.

de deux laisnes, en conte de xve du moins ou plus grand
conte, se faire le veullent, sur peine et amende de LX solz
parisis pour chacune fois que on trouvera le contraire ; et
seront seignez lesdictz drapz, où seront lesdictz pelis et aignelins, du scel à l'aignelet, comme sont les drapz d'aignelins,
pour le difference des aultres bons drapz.

TISSERANS DE DRAPZ

Vous tisserans, à tous les drapz ou demy drapz et pieces à
II cordeaux que vous tisserés, vous metterez à chacun bout
II filz de liche[1] pour le moins, sur x solz d'amende.

Et sy aucuns veult faire drapz tendus et pouliés[2] pour mener
au Lendit[3], ou ailleurs au pays de France, comme l'on soul-
loit faire anchiennement, les draps seront aulnez et auront
lesdictz drapz escrus xxxviii aulnes de long, sur l'amende de
xx solz, et xxxiii aulnes du paré ; et deux aulnes et demy
cartier de large au bougon aussy large au meillieu qu'au
deux boutz ; et s'il n'est ainsy, il paiera ladicte amende, et
la piece de drap couppée en deux, et ne porroit avoir le
scel ; et s'il ne pourront estre faits dessous xxxviii aulnes
sans licence, s'ilz doivent peser, soit escru ou esbroué,
sçavoir l'escru xLviii l. ; et esbroué xL l. et s'ilz pesent moins,
le tisserant paiera v solz d'amende du drap, et pieces à
l'advenant, et seront lesditz drapz et demy-drapz et aultres
pieces couppées en deux, et s'ilz n'auront jamais le scel de
la ville.

1. Lisse.

2. Mis à la poulie, lieu où on étendait les draps pour les sécher ou
les travailler.

3. La foire de Saint-Denis en France.

Quy voudra faire roie [1], faire le pourra et faites bons drapz royés et loyaux, jusques à la volonté de la ville, et apportez à l'esgard de l'escru et du paré.

Tisserand, tissés bien les drapz aussi bien au dernier bout qu'au premier, sur l'amende de v solz et estoffez de bonne et lealle trame, livre à l'aulne ou environ, sur l'amende de xx solz; et auront les esgardz, balances et poix pour sçavoir, s'ilz seront estoffez, et s'ilz peseront leur poix.

Aucuns n'ourdisse, ne face ourdir trames, torse, crestains en drap, car ledit draps où l'on trouvera sera sourtait à la ville.

Vous qui faites drapz pour vendre, gardez que toutes maneires de drapz que vous ferez ayent deux cordeaux, et soient apporté à l'esgard de l'escru et du pareur, sur l'amende de xx solz et le drap à la volonté de la ville.

Il est ordonné pour le proffit commun que chacun puist faire drapz de xx aulnes sans congé [2]; et quy les voudra faire de plus grande longueur, ne soit si hardy, s'il n'en a congé des eschevins commis à l'esgard, sur peine de x solz; et vous tisserans, mettez assez euvres ès drapz que vous ferés, car s'ilz pesent moins de xxv l. à la longueur de xx aulnes, et du dessous moins, et du dessus, se fait sont par congé plus à l'avenant, vous l'amenderez de x solz et tissez aussy bien les draps d'aultruy que les verrez [3], car on les fera liser, et aportez vous drapz au lisage de soleil luisant, et esgardera on le mardy, le jeudy ou le samedy devant midy, et après midy le lisage se fera en la maison de la ville à ce ordonné; et recepveront les esgardeurs les drapz et demy-drapz le mardy, jeudy et samedy, de viii heures jusques à x heures du matin, et non depuis, s'il ne leur plait, et ledit samedy après disner,

1. Raie.
2. Permission.
3. Vostres?

après les vespres St Firmin, et seront les drapz escruz et
parez esgardez à perche, et quy mal tisseroit, il paieroit
iii solz vi deniers du drap, et ne soit nulz au liser, sinon le
tisseur sur peine de v solz d'amende.

Tisserand, on vous commande que vous aportez les drapz,
demy-drapz et pieces au lisage, au plus prochain lisage,
après que le drap sera guenu[1] du mestier, sur l'amende de
v solz, et sy aucun delivroit lesdictz drapz pour parer ou
aultrement, sans avoir esté à l'esgard premier, ou aultre, il
sera à l'amende de LX solz parisis, et paiera le droit avec
aultre pugnition arbitraire.

Tisserand, sy vous trouvez quelqu'un quy ne vous veuille
bailler à ouvrer, venez le dire au majeur, et festez hardi-
ment sur celuy à quy le drap sera, et le majeur vous fera
rendre vos journées, et tissez mieux que vous ne faites, car
aussy bien paierés vous l'amende du cler tissu, que du mal
assis ; et avec ce mettez deuement en œuvre les filetz que
on vous livrera, car sy l'œuvre est trouvée mal mise, vous
l'amenderez de v solz.

Aucuns n'envoye sa traime au tisserand, fors qu'en esche-
veaux ; et faites desvider traime à vos hostes sur v solz, et le
tisserand ne le recepveront point, sur v solz.

Item que le tisserant tient ses otilz en tel point que le
prevost puist voir la faute, s'elle y estoit, sur v solz.

Tisseran, quy tissez drapz, vous tisserez chacun drapz ou
demy-drap à part luy, au pois et au comte ; et aura chacune
piece ses pennes d'un cartier, et non de plus, et quy sera
trouvé faisant le contraire, il sera à xx solz d'amende.

Item drapz ou demy-drapz, quy seront tissu en ceste ville,
et apportez à l'esgard de l'escru, s'ilz sont refusez pour faute

---

1. Venu ?

qu'ilz ont, ilz auront certain seing ou marque du refus, et sera le pareur tenu de raporter ladicte marque à l'esgard du paré, sur v solz.

Tisserans, on fera couvertures de xiiii aulnes d'escru, et gardez quelles soient bien tissues, car on les lisera, aulnera, pesera et scellera, ainsy que on faict les drapz et demy-drapz ; et doivent avoir xviii l. de poix escru, et xv l. au poix esbroué, et aussy bon les escruz et parez que les drapz et demy-drapz ; et sy on les trouvoit mal tissus, le tisserant paieroit xii deniers, et le demy-drap la moictié de drap ; et quand elle partiroit du pareur, on les apportera au bougon [1], et s'ilz ne sont bien parez, ou qu'ilz n'eussent leurs aulnes, on leveroit l'amende de xviii deniers, et les bougonnera on sans nulles eaues, et sy on trouve qu'ilz n'eussent leurs aulnes, on en leveroit l'amende et seront couppez.

Quy voudra faire couvertures amples et merlées, entre vii aulnes et xiii aulnes, faire le pourra et mettre dessous une aulne, sur l'amende de drap sourfait à la ville ; mais nul ne soit sy hardy quy facent couvertures entre xiiii aulnes et demy-drap, ny entre drap et demy drap, sur l'amende de xx solz.

Item que tout blanc entier et demy drap de traime et d'estain viennent au pois et au lisage, et blanc drap de ii estains viennent au lisage et non au pois, sur telle amende que des drapz et demy-drapz, et signez demy-drapz et couvertures de xiiii aulnes, en la maniere que vous faites les drapz, sur l'amende de ii solz.

Il est ordonné par meure deliberation, que tous tisserans demeurans en la ville et banlieue de Monstreul pourront aux bonnes gens estranges tiltre [3] drapz des fillez, que on leur

1. A Rouen, on appelait boujon le lieu où les draps de la draperie étaient visités par les gardes du métier.

2. Laine peignée et destiné à former la chaine du drap.

3. Tisser.

apportera au pois et au comte ordonné par la ville, et
seront lesdictz drapz aportez à l'esgard de l'escru et du paré,
comme seront les drapz des subjectz de ladicte ville ; et s'ilz
sont bons, ilz auront le scel, et s'ilz font reffus, ilz paieront
les amendes, et en sera faict comme se ilz fussent filletz en
ceste ville.

Il est ordonné que tout tisserant de ceste ville quy tisseront drapz pour aultruy, soient drapz de dedans ladicte ville
ou de dehors, iceulx ne pourront ourdir les drapz qu'ilz
tisseront, mais seront ourdis par ourdisseur de serment,
quy ne les tisseront point ; et quand aux tisserans quy tisseront leurs drapz quy seront à eux sans fraudes, il les pourront ourdir, et les ourderont, s'il leur plait ; et quy fera le
contraire, il sera à l'amende de x solz, et pour faire ledict
serment soient lesdictz ourdisseurs demain au plaid.

Tisserans, faites dicquedunes[1] et amples drapz en xvi⁰
pour le moins, sur l'amende de lx solz et perdre le mestier,
an et jour.

Item tissés les merles[2] et bises[3] que vous ferez et qu'on
vous aportera à tiltre, au compte de xv⁰ au moins sur
ladicte amende.

Et quy voudra tistre[4] en plus grand comte que celuy
ordonné, fere le pourra.

Il est deffendu sur l'amende de x solz que nulz ne face
drapz où il y ait plus de deux oeuvres, s'il n'en a congé des
prevostz, et qu'ilz sachent dont les aultres œuvres viennent,
et ne soient les tisserans sy hardy de delivrer le drap qu'ilz
auront fait de plus de ii œuvres, sans la licence desdictz
prevostz sur peine de x solz.

1. Espèces d'étoffe.
2. Sorte d'étoffe.
3. Etoffe.
4. Tisser.

Item est aussy deffendu à tous ourdisseurs [1], qu'ilz ne ourdissent drapz en moindre nombre de xve, et sy l'œuvre ne peut tant courir, desourdissent et remettent leur drap en son compte et le tiennent tant plus court, ny soient sy hardy lesdictz ourdisseurs, qu'ilz delivrent les drapz dessusdictz ourdis en moindre nombre que dessus est dit, sur peine de x solz parisis pour chacune fois qu'ilz seront trouvez faisant le contraire, sauf merlez et bises qu'ilz pourront faire en xiiii^l du moins.

Et vous tisserans, aportez vos drapz à l'esgard sans iceux empoteller, noircir ou souller [2], par quoy on les puist voir et aviser, sur peine et amende de v solz.

Il est ordonné que une cloche [3] que l'on nomme la cloche

1. Ceux qui disposaient, arrangeaient les fils de la chaîne pour faire un tissu.

2. Souiller.

3. Une ordonnance du roi Charles V, datée de Vincennes, au mois de septembre 1372, avait décidé qu'il y aurait dans la ville de Montreuil, une cloche indiquant les heures auxquelles les tisserands devaient commencer et finir leur ouvrage. Cette ordonnance est ainsi conçue :

Charles, par la grace de Dieu, roy de France. Savoir faisons à tous presens et avenir, de la partie des tisserans de nostre ville de Monstereul sur la mer, nous avoir esté exposé que comme par octroy et ordenance des maire et eschevins de notre dicte ville, fais par meure deliberation et pour l'utilité publique de ladicte ville, l'en eust ordené et tenu cloche en ycelle, pour sonner les heures du matin et autres que les varlés (compagnons) du mestier de tixerrandrie devoient entrer en ouvrage et le laissier, et ce eust et ait esté gardé par aucun temps pour eschever (éviter) les inconveniens qui ensuir se pooient de non tenir ordre ou regle d'entrer audit ouvrage et de le laissier, et ainsi ait esté et soit gardé es villes voisines, ésquelles sont tixerrans. Neantmoins depuis six ans ença l'en a cessé de sonner ladicte cloche aux heures ainsi ordené et pour le fait dudict ouvrage, et pour ce que les varlés tixerrans de ladicte, vont ouvrer à tels [heures] comme il leur plaist, et s'en partent quant bon leur semble, dont moult de inconveniens se sont ensuiz avecques domage, car les dis varlés ou aucuns d'eulx, demeurent souvent si tart audit ouvrage, que il ont fait et font mains deseuvres (mauvais ouvrages) et autres fautes en leur mestier, dont il sont encouru et enqueurent paines et amendes, ce que il ne feroient pas, se ladicte, ordenance, qui justement fu faite, estoit tenue ; ainçois se audit son de cloche entroient és dis ouvrages et delaissassent, les ouvrages en seroient meilleurs ou proufit de la chose publicque, si comme ils dient, supplians sur ce gracieusement prouveoir. Nous adecertes, pour consideracion des choses dessus dictes, aus dis exposans, avons octroié et octroions oudit cas de grace especial, que doresnavant une cloche soit ordenée et tenue en ladicte ville et sonnée aus heures que les maistres et varlés dudit mestier devront entrer

des tisserans, sonnera III fois le jour aux heures que lesdictz
tisserans devront aller à l'ouvrage et retourner d'icelluy, c'est
assçavoir une fois le matin depuis le bouhourdy[1] jusques à la
Toussains l'espace de demie heure de temps, et depuis ladicte
Toussains jusques audict bouhourdy ensuivant, et commen-
ceront sonner ladicte cloche, incontinent que la cloche du
jour sera sonnée ; la seconde fois sonnera environ heure de
midy pour aller disner ; le tierce œuvre, une heure aprez
pour retourner et aller audit ouvrage, et le quart coup
sonnera au vespre, tantost après le soleil couchant, pour quit-
ter lesdiz ouvrages, et ne soient aucun tisserant, soit maistres,
varletz et apprentis, en ladicte ville et banlieue, quy tisse ny
s'entremette audict mestier devant la cloche du matin, ny
après celle du soir, sur l'amende, c'est assçavoir les maistres
de v solz et les varletz de II solz.

Aucuns de la ville et banlieue de Monstreul ne aille, ou
envoye tiltre ou partir ses drapz ou demy-drapz en dehors
d'icelle ville et banlieue, mais les face tiltre et parer en
icelle ville et banlieue, sur l'amende de LX solz.

Il est ordonné que se aucuns veult doresnavant vendre en

en leur ouvrages dudit mestier et que yssir en devront, et en la fourme et
maniere que, comme dit est, par lesdits maire et eschevins, a esté ordené
et comme ès autres bonnes villes est accoustumé de faire pour le fait
d'icellui mestier, sanz ce que pour ce present octroy, aucun prejudice soit
fais, à nous auditz maire et eschevins, ou autres quelconques, ores ou au
temps avenir, pourquoy nous donnons en mandement au gouverneur du
baillage d'Amiens, au prevost de Monstereul et à tous les autres justiciers
de nostre royaume, ou à leurs lieuxtenans et à chacun d'eulx, si comme à
lui appartendra, presens et à venir, que les dis exposans facent et sueffrent
joïr et user à plain de nostre presente grace et ne les molestent et ne
sueffrent estre molestez au contraire ; ainçois lesdis gouverneur et prevost
ou leurs lieuxtenans ou celui d'eulx qui requis en sera, contraingnent ou
facent contraindre à nous faire amende convenable, tous ceulx dudit mestier
qui la dicte ordenance enfraindront. Et pour ce que ce soit ferme chose
estable à tousjours, nous avons fait mettre nostre seel à ces presentes, sauf
en toutes choses nostre droit et l'autrui. Donné au chastel du bois de
Vincennes, ou mois de septembre l'an de grace mil trois cens soixante et ·
douze et de nostre regne le IXe. Par le Roy en ses requestes : HENRY.

Arch. Nat., JJ., 103. Pièce 248.

1. Premier dimanche de carême.

ladicte ville drapz ou demy-drapz, que après qu'ilz seront tissus en quelque lieu du pays, qu'ilz ayent esté faits hors des bonnes villes notables, où il ait esgard suffisant sur le faict de la drapperie, sy les drapz ne sont escarlatez [1] ou autres fins drapz, quy aient signe des lieux où ilz auront esté faictz, que lesdictz drapz ou demy-draps, après qu'ilz auront esté tissu, et avant qu'ilz soient parez, seront apportez à l'esgard de ladicte ville, comme sont ceux q.. l'on tist en icelle; et s'il y a deffault, seront mis à l'ame..... ne ilz seroient, s'ilz estoient faictz et tissus en ladicte ville, et leur sera baillé un signet pour quoy on cognoistra de là en avant qu'ilz ont esté audit esgard, afin de les pouvoir vendre en ladicte ville sans contredit, et après lesdictz esgardz, les pourront ceus à quy ilz appartiendront vendre là ou il leur plaira, mais pour ce ne demourra point, que avant qu'ilz les puissent vendre en ladicte ville, il ne soient tenuz de les rapporter à l'esgard du paré, comme les drapz faitz en icelle ville; et sy lesdictz drapz ou demy-drapz sont trouvez en moindre compte de xv^c, ou il y a aultre faute, ilz seront à l'amende; et sy on ne les pourra vendre comme dessus, sy ce n'est par le congé de Messrs; et avec ce, paieront tous telz debites [2], que feront ceux de ladicte ville, et sy aucun est trouvé ayant fait le contraire, il sera escheu en xx solz d'amende.

Item est ordonné et deffendu à tous, tant privez que estrangez, quy vendront drapz en ladite halle qu'il ne vendent à l'estal et au rang où ilz venderont les drapz faitz en la ville, autre drapz que de la façon d'icelle ville, et s'ilz veulent vendre aultre drapz faitz dehors ayans le signet dessusdict, les vendent à autre estal et autre rang de ladicte halle, lequel leur sera ordonné, sur ladicte aménde de LX solz.

1. Ecarlates.
2. Redevances.

Item est ordonné que nulz, de quelque estatz qu'ilz
soient, ne vendent pieces de drapz, quy n'ait le signet ou
scel de ladicte ville, et s'il les decopent, retiennent tousjours
la piece où le scel ou signet sera mis, à le vendre au dernier,
sur peine de xx solz parisis d'amende, et le drap à la volonté
de la ville ; et ne vende aucuns drapz, demy-drapz, ne piece
de drap hors de ladicte halle, sur peine de x solz parisis.

Item deffendons que aucuns ne mette ou souffre mettre
ses drapz ou demy-drapz, qu'il voudra exposer à vente en
ladicte ville aucunes frenches [1], sy les drapz ou demy-drapz
ne sont grannez [2], sur v solz.

Item que aucuns n'esbrouce [3] ses drapz au molin, sur v solz
d'amende au pareur et v solz au foulon [4].

Item deffendons à tous tisserans de drapz qu'ilz n'attachent
traime et estain, l'un contre l'autre, que ilz ne attachent une
doute (?) de traime et une doute de estain l'un contre l'autre,
à peine de x solz d'amende.

Item que aucuns tisserans ne tissent à un coup aucun
drap, mais tissent iceux drapz à deux coupz bien ouvers, du
moins sur pareille amende.

Item que aucuns tisserans ne mettent aucuns drapz su[r]
pour ourdir sans traime sur x solz d'amende.

Item deffendons que aucuns maistres dudict mestier
n'envoient leurs apprentis en la place jusques à ce que
lesdicts apprentis aient fait une année suffisamment, et qu'ilz
sçauront ouvrer, à peine de dix solz d'amende.

Item deffendons à tous maistres tisserans et pareurs, qui
prendront œuvre à faire aux personnes, qu'ilz ne les rebaillent
ailleurs à autres M[rs] pour les faire, sur l'amende de x solz
pour chacune fois qu'ilz feront le contraire.

---

1 Franges.
2 Grenés.
3. Esbroucer ou esbrouer, passer une piece de drap à l'eau.
4. Ouvrier qui foule le drap.

Item deffendons à ïous varletz de tisserans et pareurs qu'ilz ne marchandent à quelques personnes que ce soit de tiltre ne parer drap, sur l'amende de dix solz, pour chacune fois qu'ilz feront le contraire.

Item avons ordonné et ordonnons que le mestier de esbrouer drapz ne se fera doresnavant que entre deux cloches, depuis le my-avril jusques à la my-aoust, et non aultrement, sur l'amende de dix solz pour chacune fois que l'on fera le contraire ; et en l'aultre temps et saison, il se fera devant et après ladicte cloche, se bon semble, de jour et non aultrement, sur peine de ladicte amende, sy ce n'est que la besogne susdicte ne soit commencée à esbrouer sans fraulde paravant et en dedans lesdictes heures.

Item ordonnons comme dessus que deux M[es] tisserans ne pourront ouvrer ensemble, tant qu'ilz puissent avoir varlet suffisant, et au cas que lesdictz M[es] ne peuvent recouvrer desdictz varletz, ilz seront tenus de le dire et signifier à leurs prevostz et demander congé pour ouvrer ensemble, et sur peine de x solz pour chacune fois qu'ilz feront le contraire.

Item deffendons à tous tisserans que nulz ne travaille en harnas[1] de tisserant, s'il n'est juste au gauge du fer de la ville, ainsy qu'il se comporte en xiiii, xv, xvi et xviiie ; et que nulz ne travaille sur neuf rouetz, s'il n'est premierement gaugé audict fer, sur peine et amende de v solz pour chacune fois, que l'on fera le contraire, et ledict rouet confisqué sy seront [tenus] chacun an les prevostz dudict mestier de rapporter en la main de la ville ledict fer au renouvellement de la loy, pour le rebailler[2] aux nouveaux prevostz, ainsy qu'il apartiendra.

Item qui voudra ouvrer en xviiie, xxe ou xxiie, il faut

1. Outil.
2. Redonner.

que son harnas soit juste de largeur au gauge du fer de la ville, sur peine de x solz d'amende pour chacune fois qu'y sera trouvé le contraire, et ledict harnas confisqué à la ville.

Item est ordonné que tous drapz de mere laisne, seront ourdis et tissus en xviiie et non au dessous et en plus hault comte, se faire le veullent, sur l'amende de vingt solz, et les mettre en ce conte de xviiie aura xlii portées[1] et demy.

Item pour ce qu'il est venu à la cognoissance de Messrs, que en la chaussée de St-Martin ou au dehors de ladicte ville, aucuns tisserans et pareurs travaillent de nuict à heure deffendue, et que l'on ne les peut visiter comme ceux de la ville, on leur deffend de rechef qu'ilz ne soient sy hardys de ce faire, sur l'amende de xl solz et xl jours de privation du mestier, lorsqu'ilz feront le contraire, et d'estre pugnis extra-ordinairement à l'ordonnance de Messrs..

Item est advisé que pour l'aysement[2] des tisserans et pareurs, qu'ilz pourront demander leurs graces et congé accoustumez, aussy bien aux esgards que aux prevostz, lesquelz n'auront aucune chose pour donner lesdicts congez, et se demandent iceux congez à chacune fois et particulierement, sans donner congé une fois pour tousjours.

PAREURS

Aucuns pareurs ne reçoyve couverture ne demy-drapz qu'ilz n'ayent le scel ou signet de la ville, sur v solz; et seront meslé et royé[3] au lisage et au bougon.

1. Mesure.
2. Commodité.
3. Rayé.

Et vous commandons que aux drapz quy iront à l'esgard
du bougon, le sceau de l'escru y tiendra sur l'amende de
v solz.

Et ne demeure aucuns à l'esgard du paré avec les esgardz
sur v solz, sy par eux n'y est appellé.

Et aucuns esgard qui auront aucun draps à l'esgard, soit
qu'il soit sien ou qu'il les ait paré, ne soit audit esgard sur
v solz.

Aucuns maistres pareurs n'ait qu'un apprentif sur cent
solz d'amende, et ne le pourra envoyer à la place, tant qu'il
aura fait ses années, et qu'il sera rendu et tenu pour ouvrier
sur la mesme peyne, avec ce que les apprentis seroit pugny
à l'ordonnance de la ville et s'il y aloit sans le congé de
son maistre.

Item et seront lesdictz pareurs quy parront lesdictz drapz
et demy-drapz, tenus de tenir iceux en largeur de deux
aulnes de lée, tout retraict, sur l'amende de x solz, et s'ilz
ne pesoient xlviii l. escru et esbroué xl, le tisserant paiera
v solz d'amende dudict drap, et des aultres pieces à l'avenant,
et seront lesdictz drapz et demy-drapz et les autres piece
couppées, et lesdictes pieces couppées ne pourront avoir le scel
de la ville.

Et aucuns desditz maistres pareurs ne mette varlet,
apprentis ne autre en euvre, s'il n'est suffisant à l'ouvrage
où il le mettera, sur xx solz parisis d'amende, et iront les
prevostz autour, quy deffenderont les varletz non suffisans
d'ouvrer, et de ce feront rapportz, par quoy sur lesdictz
maistres quy ce feront, on prendra les amendes.

Aucuns n'envoie drap au pareur, s'il n'a le scel de la ville,
et aussy le signet du fermier sur v solz ; et sy seront tenus
les pareurs de venir querir leur drapz et demy-drapz au jour
qu'ilz seront esgardez, et ne sera responsable le fermier que
ledict jour.

Quy mauvais drapz feroit. . . . . . et autres gardeux, royé

ne bregué, ny desciré[1], on luy couppera en deux pieces, et
paieroit pour . . . . . ou pour le gardeux, v solz.

Et bien saciés, qu'il convient que les drapz de muison et
aultres soient tous ouvré de une traime et d'un estain. . . . .
et sans. . . . . . et telz au millieu que aux listes, et que aux
riez ; car quy autre le trouveroit, on luy coupperoit en deux
pieces et seroit à la volonté de la ville.

Et ceux quy feront d'autre œuvre au millieu que aux listes
et riez, ilz demeuront à la ville.

Aucun ne face drap de muison ne autre de laines de peaux
puraines, sur xx solz.

Item nous deffendons que nul ne mette en œuvre pour
faire drapper laine de peaux, se icelle ne sont pelées depuis
la St Remy, sur xx solz d'amende, et que icelles soient
regardez avant que d'estre mises en œuvres, sur x solz.

Pareur, parés sainement vos drapz, car celuy quy despe-
cheroit un drap et qui l'empiroit par parure, il acheteroit le
drap au dire de gens à ce congnoissantz, et vi solz, et ledict
drap couppé.

Sy le pareur avoit depesché[2] un drap par parure et n'avoit
tant vaillant que ledict drap valoit pour l'acheter, s'il avoit
quelque mal, il fournira à la ville un an et un jour et le
mestier ensemblement ; et sy ledict drap valloit davantage, il
paiera le dommage, et s'yl perdroit sondict mestier.

Il est ordonné par meure deliberation, que tous drapz et
demy-drapz que l'on fera en ceste ville, seront esgardé,
lorsqu'ilz seront esbroué, lavé, enversé[3], et ordonné pour
porter au mollin, et à peine de v solz d'amende, afin de voir,

---

1. Déchiré.
2. Dépecé, mis en pièces.
3. Nettoyé à l'envers.

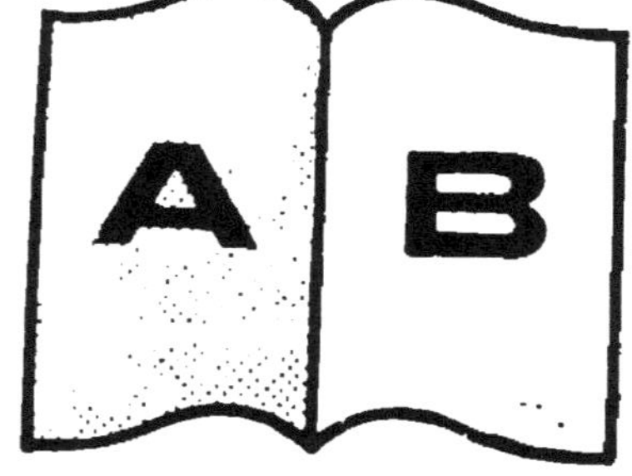

Contraste insuffisant

NF Z 43-120-14

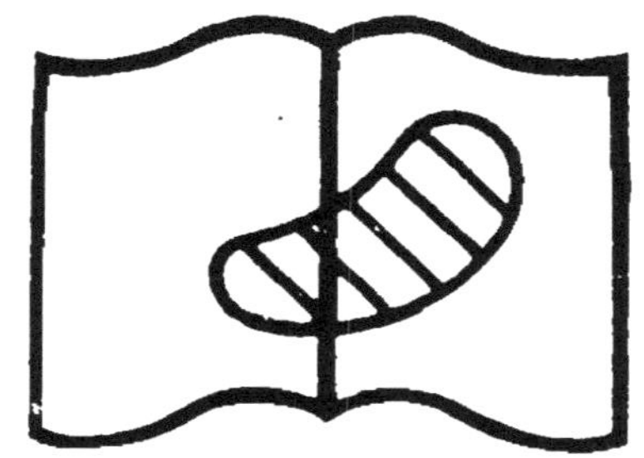

Illisibilité partielle

Valable pour tout ou partie
du document reproduit

Contraste insuffisant
NF Z 43-120-14

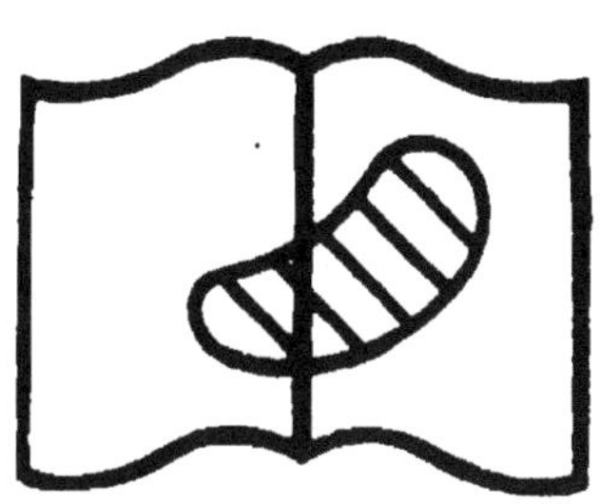

Illisibilité partielle

Valable pour tout ou partie
du document reproduit

s'ilz sont bien lavez; et celuy à quy sera le drap mal lavé,
sera en amende de 11 solz, et pour le demy-drap xii deniers;
et il ne faut apporter aucuns drapz ni demy-drapz à l'esgard,
quy soient mal foulez, car ceux quy seront mal foulez, ilz
n'auront le scel de la ville; et ne soit aucuns drappiers ny
pareurs au foulement [1] de leurs drapz, fors en portant et rap-
portant, à peyne de 11 solz d'amende, pour chacun. Et vous,
foullon, foullez bien et loyaument les drapz sans iceux tordre,
car s'ilz sont mal foullez, vous serez tenus de les amender,
et s'il sont trop et sourfoullé, vous renderez le dommage,
et n'en mettez nuls fouller, ny foullez, que premierement
ilz ne soient espardez, à peine de v solz d'amende pour
chacune fois; et gardez que les drapz et demy-drapz par vous
foullez n'ayent 11 aulnes de large tout foullez, sur x solz
d'amende pour chacune pieche et pour chacune fois; et
foullez à un chacun les drapz que l'on vous apportera sans
avancer l'un plus que l'autre sur ladicte amende. Sy serez
tenus de mettre seing ou merque aux drapz ou demy-drapz
que vous foullerez, et de monstrer ladicte marque à ceux que
Mess⁵ y auront commis, afin que iceux commis puissent avoir
vraye cognoissance de ce, sur l'amende à la volonté de nous
majeur et eschevins. Et vous pareur, gardez de recepvoir
drapz ne demy-drapz venant du mollin quy soient mal
foullez, car s'il y avoit deffault d'avoir le sceau de la ville,
d'autant que l'auriés receu mal foullez, vous renderez le
dommage à celuy à quy le drap ou demy-drap apartiendroit.

Tous drapz ou demy-drapz quy seront parez en ceste ville
et apporté à l'esgard du paré, s'ilz sont refusé d'avoir le
scel de plomb pour quelque deffault, quy auroit trouvé en
iceux, ilz auront certain seing ou marque du reffus, neantmoins seront lesdictz seing ou marque gardez jusques en la

---

1. Action de fouler, c'est-à-dire de presser les draps.

lin du drap, ainsy que le sceau de plomb quy est aux bons drapz, à peyne de xx solz d'amende pour chacune piece.

Aucuns ne lachent drapz coupé reclorre[1] sur LX solz d'amende : sçavoir xxx solz au contrevenant et xxx solz à celuy à quy le drap apartiendroit, ny aussy aucun drap recloré, quy soit rompus par parure sur xx solz, sy ce n'est par le majeur.

Quy repent[2] son drap és poullies puis qu'il est deppendu et depuis qu'il est scellé du scel de la ville, il est à LX solz et le drap coupé, et ne le repend sus depuis ledit esgard, sur ladicte amende de vingt solz, sinon par la licence de majeur.

Vous, drappier, quand le drap parte de la guihalle, gardez qu'il n'ait le sceau, car sy tost qu'il sera party de ladicte guihalle sans tesmoignage, ne vous vaudroit rien, et sy on trouvoit drap en la halle où l'on vend les drapz scellez où le sceau de la ville ne fust, le drap demeura à la ville, et celuy à quy il apartiendroit, perdra le drapper[3] un an et jour; partant n'oste le scel de la ville, aprèz qu'il aura esté mis au drap et passé à l'esgard, et approuvé pour bon, à peyne de x solz et d'estre pugny de prison à la volonté de messeigneurs.

Aucuns ne vendent drapz, ny demy-drapz, ne couverture en la guihalle dessous, qu'ilz n'ayent le scel de la ville; et ainçois qu'il le vendent, il le monstrera aux esgardeur en ladicte guihalle, qu'il a le scel de plomb; et quy autre le voudra vendre, qu'il le vende en la guihalle ordonnée pour le non scellé.

Item tous les demy-drapz qu'on souloit adre et exposer en vente sur les buches[4] dans la halle desoubz, on les ven-

1. Refermer.
2. Rattacher.
3. Le droit de faire le drap.
4. Pièces de bois ?

dera et exposera en vente en icelle halle sur les hestaux non prins, et paiera on pour chacun demy-drap vendu en gros ii deniers pour une fois, quy fera aultrement paiera v solz ; mais sy aucuns en vendent en detail, il sera tenu de prendre estal et en paiera xiii solz.

Et vous quy vendez les drapz, mettez le scel au dehors, afin que l'acheteur le voye ; et sy vous faites aultrement, vous serez au meffait [1] de la ville, de v solz.

Maistres, quy ne garderez les poinctz de la parerie, serez à v solz ; et les esgardeurs dudict mestier, on vous commande que vous rapportiez ceux que trouverez quy contreviendront aux dictz poinctz, et la cause pourquoy, et declarer le jour.

Aucun ne vende drapz en la guihalle là où on vend les drapz scellez, quy n'ayent estez tissus, paré et poullis [2] en la ville, car celuy quy fera le contraire et quy en sera attainct, il sera à lx solz.

Et sy és drapz que l'on ameine de Normandie ny d'ailleurs, il en y avoit aucun quy fut . . . . . . , il est ordonné qu'on les vende avec les tiretaines, sur x solz.

Il est ordonné que en la ville et banlieue, aucuns ne vendent drapz foulé ne lavé en savon, sur l'amende de x solz.

Aucun ne foule blanquet ny autres drapz en savon, sur xl solz et le drap à la volonté de la ville.

Aucuns telz qu'ilz soient ne vendent drapz blancz ne aultres pour retrais, [3] s'ilz ne le sont, sur l'amende de lx solz et le drap surfait à la volonté de la ville.

Vous, vendeurs de drapz, aulnez vos drapz par la feste, sur l'amende de v solz.

1. Amende.
2. Drap étiré au moyen d'une poulie.
3. Tirés ?

Et, quy voudra vendre drap pour retraict blanq ny aultre, ne soit sy hardy que depuis qu'ilz seront scellez ou signez, les mette en lice pour tirer de long et de large, sur l'amende de ix solz et le surfait à la ville, et celuy quy fera le contraire sera à l'amende de x solz, s'il ne le faisoit sçavoir au majeur, et aussy commandons à tous ceux quy ont tiroirs, quy les retiennent bien et suffisamment.

Item, est ordonné jusques à la volonté de la ville, que les drapz quy seront faitz et tissus à deux bordeaux hors de ceste ville, seront apporté à l'esgard devant les tisserans et pareurs, et là seront justicié [1] d'oster une lizie de une aulne de long à chacun bout d'une aulne, et sy aucuns est trouvé que lesdicts drapz musse [2] ou delaisse à apporter à l'esgard, il sera à l'amende de xx solz pour chacun drap et y prendra on soigneusement garde.

Celuy qui le drap marchant sont, quy sont drap muison, les feront esbuquier [3] par eux ou par aultruy, quand ilz seront chroue, et deffendons aux pareurs qu'ilz ne reçoivent nulz, s'ilz ne sont bien esbuqué, sur l'amende de v solz.

Et sy le pareur y met contredit, il sera veu par les esgardeurs à ce commis et le drap paré, s'il n'est trouvé bien esbuqué, ledict pareur qui l'aura mal esbuqué, sera en v solz d'amende et pourront lesdicts pareurs faire ébuqué les demydrapz retrais, et pour le demy-drap mal ebuqué, il seroit à ii solz vi deniers d'amende.

Et quy voudra vendre drap à detail, passe à l'esgard de l'escru et du paré, sy les vende en la halle ordonnée à vendre les bons drapz scellez et passez à tous esgardz, et non

---

1. Obligés, condamnés.
2. Cacher.
3. Oter du drap les fils, pailles et autres ordures qui peuvent s'y trouver.

ailleurs, et ne les vende aucuns en la halle aux drapz, s'il ne sont passez par les esgardz de la ville sur v solz d'amende, pour chacune piece que l'on y trouvera.

On deffent à vous marchanz de drapz, que vous ne viendiez en feste ny hors feste, quelconques drap que ce soit avec les drapz scellez et passez à l'esgard de ceste ville, sur l'amende de xx solz pour le drap que vous y venderez et x solz pour le demy-drap.

Item que nulle couverte... soit traité en poullie plus de xiii aulnes, et le dem... tao plus de xviii aulnes et demye, et le drap xxxvii aulnes au plus, sur v solz, et des couvertures et demy drapz à l'avenant

Pour obvier et eviter aux inconveniens et dommages quy peuvent arriver aux murs, et puis et breteques[1] de la ville, par la faulte d'iceux quy pendent leurs drapz à cloux, chevilles ou aultrement ausditz murs, on deffend à tous drappiers, pareurs et à tous aultres quelconques, que aucuns ne mette ny pende... drapz ny aultres choses, sur l'amende de v solz à chacune fois et pour chacune piece.

Aucuns drappiers quy vendent drapz à detail en ladicte ville et banlieue, ne delivrent aucune chose d'iceux drapz ne aulnez, s'il n'est bourgeois de la ville, sans ad ce appeller le fermier commis audict aulnage ou sans sa licence, sur l'amende de lx solz pour chacune fois qu'il seroit trouvé faisant le contraire à appliquer à ladicte ville.

Il est ordonné que vous pareurs, parez vos drapz bien et lealement, et que le varlet du mestier de pareur ira chacun jour au matin depuis Pasques jusques à la S' Remy ; et avec ce iront tous les samedis au matin de l'an, et en tous temps

---

1. Parapet, balcon. A Douai, le mot breteque désignait spécialement un cadre garni d'un grillage où l'on placardait les publications échevinales.

et le jour des Caresmeaux [1]; et commencera à sonner la cloche
en tous temps le matin, et continuera sy longuement que
lesdicts varletz et ouvriers dudict mestier porront estre venu
d'Escuir, de Beaumery, de Sorrus et de la Caloterie pour
estre loué et entrer en leur ouvrage de soleil levant, à laquelle
heure, il seront tenu d'entrer audicte ouvrage, laquelle cloche
cessera de sonner, et auront pour le matin, ançois qu'elle
sonne pour raller l'espace de tant *(sã)* [2] que on metteroit à
aller de la porte ou elle est, jusques à la vigne de Noeufville
et de revenir à ladicte porte; et adonc sonnera alte [3] trois fois
l'espace de tan, qu'est ordonné audict eschevinage, et se
tiendra l'ordonnance du dict en la matière ordonné audict
audict eschevinage; et sy sonnera ladicte cloche en tout temps
pour laisser ledict ouvrage à soleil couchant; et ne soient
aucuns maistres, varletz ou apprentis sy hardis que de travailler avant ladicte cloche sonnée du matin, ny depuis icelle
sonnée du soir pour delaisser ledict ouvrage sur l'amende;
c'est assçavoir les maistres de xx solz, et les varletz de x solz,
pour chacune fois qu'ilz feront le contraire, sinon pour
esbrouer, comme l'on est accoustumé de faire anciennement,
et sy seront privez les m[rs] dudict mestier xx jours, et les
varletz x jours.

Et d'autant qu'il nous est rapporté que vous varletz n'allez
ne venez à vos besongnes qu'il vous est ordonné, sy vous
commandons, que doresnavant vous alliez à vos dictes
ouvrages, au soir et au matin à soleil levant, sur l'amende
de ii solz pour chacune fois que vous serez trouvez faisant
le contraire; et deffendons aux maistres dudict mestier qu'ilz
ne vous reçoivent, sy ne venez aux heures dessus dictes, sur
v solz d'amende pour chacune fois; et commandons au clo-

1. Le mardi gras.
2. Pour le mot « temps ».
3. Arrêtez.

cemant[1] qu'il sonne ladicte cloche du matin sy longuement
que soyez venus de la banlieue et entrés en ... dicte ouvraiges
à soleil levant, comme dessus est ... donne, à peine d'estre
puigny à nos volon...

Aucuns, quels qu'ilz soyent ne soyent sy hardis, que les
drapz venant de dehors de quelque lieu que ce fut, qu'ilz
soyent pillez en aultre ville qu'en ceste ville, ne ... à
perce[2], ne repatez de cordon, fors tant seulement esbuguer à
basse perche, mouiller, tondre et estfendre, sur le tondoir[3],
sur ... solz d'amende pour chacune piece.

Item est ordonné pour obvier aux fraudes, que tous les
drapz faictz dehors ceste ville et banlieue, que l'on apportera
vendre en icelle, tant en gros comme en détail, au plus que
l'on les expose en vente, seront esgardez[4] et visitez par les
esgardz de ladicte ville, et quand aux drap esgardez quy seront
bons et leals, on y mettra certain signe ou sceau, et seront
venduz en la halle dessus, et aux drapz que ne soit digne
d'avoir ledict scel, sera mis certaine aultre marque, et seront
venduz en la vieserie devant le flos aux brebis; et ne soit
aucun tailleur ou chaussetier de ladicte ville, ou autre, [sy
hardy] que d'achèter desdictz drapz pour revendre en
chausses ou aultrement, sur l'amende de x solz pour chacune
fois et pour chacune piece qu'ilz y seront atteintz; et ceux à
quy seront lesdictz drapz seront tenus d'apporter iceulx
drapz, chacun samedy en l'eschevinage de ladicte ville pour
estre esgardez, assçavoir depuis Pasques jusques à la St Remy
à vii heures, et depuis ladicte St Remy jusques à ladicte
Pasques, à viii heures du matin, sur l'amende de x solz chacune piece.

1. Sonneur.
2. Perche.
3. Pour tondoir : tondeuse
4. En 1459, c'est dans la maison Darras qu'on esgardait les draps. Cette
maison appartenait à Pierre de la Croix, qui fait son testament le 18 juillet
1459. (Arch. départ. du Pas-de-Calais. Fonds St Saulve.)

Ordonné est pour le proffit commun de la ville et pour
eviter à toutes frauldes, que les drapz estrangers que l'on
ameine de Normandie pour estre aparhé[1] et ebusqué, paré
et blanchié, que aucun n'en pourra aparlier ny ordonner, que
premier et avant toute oeuvre, ilz ne monstrent tous lesdicts
drapz et pieces aux prevostz des pareurs, et que par le
sceu[2] d'iceux, ilz les oeuvrent et n'en delivrent aucuns, que
ce ne soit par le sceu desditz prevostz, et qu'ilz leur soient
monstrez, sur l'amende de x solz pour chacun drap ou piece,
et deffence ausdicts pareurs de pouvoir donner conger au
conte sur charges, ilz le peuvent meffaire envers ladicte
ville.

Item est ordonné pour certaines et juste causes, que tous
tisserans et pareurs feront chacun merques et enseignes et
les apporteront à messieurs, afin que l'on puist avoir
cognoissance de quy les drapz auront esté tissus et parez; et
celuy ou ceulx quy de ce faire seront deffaillans, seront en
amende de xx solz, lesquels ilz seront tenuz d'apporter au
bout du corps du drap et non ailleurs, sur ladicte amende.

Vous pareurs, il est ordonné pour le proffit commun et
obvier aux frauldes, que tous les drapz et demy drapz et piece
de drap que l'on voudra vendre retrais ou exposer en vente,
vous les aportez et serés tenus d'apporter à l'esgard tous
retrais[3] et tondus, et non en aultre estat, sur l'amende de
x solz pour chacune piece de drap, et pour chacune fois
qu'un chacun de vous fera le contraire; et auront tous retrais
II aulnes de large.

Pareurs, on vous commande que vous aportez les drapz,
demy-drapz et pieces que vous parerez au prochain esgard,
après qu'ilz seront prestz, sur l'amende de v solz, et sy
aucun delivroit lesdicts drapz, sans avoir esté audict esgard,

1. Appareillés.
2. Connaissance.
3. Tirés.

il sera à l'amende de IX soiz parisis, et se paiera le droict avec autre pugnition arbitraire.

Aucun ne soit sy hardis d'ouvrer dudict mestier de pareur en son hostel, ny ailleurs, que és maisons des maistres dudict mestier, s'ilz ne sont M^{res} jurez et sermentez par nous, sur l'amende de C solz parisis pour chacune fois.

Aucuns M^{res} pareurs ne oeuvre dudict mestier de pareur comme varlet, tant qu'il ait oeuvre d'aultruy, quy ne soit parfaite, sur lequel on puist ouvrer, sur l'amende de x solz pour chacune fois.

Nous deffendons à tous foullons, qus foullent les drapz aux mollins, qu'ilz ne s'entremettent ne usent du mestier de pareur, mais se tiennent au mestier de foullon seulement, ou audict mestier de pareur, sur l'amende de xx solz à la ville.

Tous pareurs soient demeurans et facent leur mestier de parerye tant d'oeuvre moulié, comme oeuvre de secque, ne moulié de dehors, que primes[1] et avant oeuvre, les drapz et demy-drapz que on leur aportera de lad. ville pour parer, soient delivre et apareillié, ainsy que on leur aportera avant qu'ilz en prendent d'aultre, sur l'amende de chacun drap ou demy-drap de v solz pour chacune fois, et pour chacun drap et demy-drap, que on trouvera estre fait au contraire par les commis ad ce.

Item deffendons que aucuns maistres du mestier de pareur, ne facent aucuns drapz sans estre mortiez ou parez en l'eaue suffisamment, sur v solz d'amende audict pareur.

Item on deffend au fermier du bougon[2] qu'il ne mette point son signet aux drapz de l'escru, que premier et avant toute oeuvre, ilz n'aient estez esgardez et scellez du scel de la ville sur paine de x solz.

1. D'abord.

2. On appelait droit de bougon, le droit de l'escru et du paré. (Compte de l'argentier de Montreuil, 1539-1540.)

Item, briffaudis[1] meslez de plusieurs laines seront vendus en la halle dessus sans teindre au lez[2] vers la Croix d'Or ; et quy en fera teindre aucuns pour exposer en vente sans la licence de messieurs, il sera pour chacun drap, demy-drap ou piece qu'il exposera en vente à ladicte ville et banlieue, à xx solz d'amende.

Item quand aux drapz et demy-drapz blancs, que on fait faire en ladicte ville, et quy à l'esgard d'icelle ont le bon scel de plomb, et lesquelz on envoye teindre en ceste ville et dehors, et quy aprez cele teinture sont apporté audict esgard, avons ordonné et ordonnons que susdictz drapz et demy-drapz, lesquelz seront trouvez bons et auront eu le scel de plomb et trouvé bien teinct, on mettra un signet de cire vermeille, sans touttesfois oster lesdictz scels de plomb, quy leur auront esté mis auparavant ladicte teincture, et seront vendus en la halle dessus, et paieront chacun d'iceux drapz ou demy-drapz mal teinct x solz, et les pieces à l'avenant, et ne les poutra on vendre jusques qu'ilz seront suffisament teinct et repassé par ledict esgard, ausquelz, se ilz sont trouvez bien teinct, on mettra ledict signet vermeil pour estre vendu en ladicte halle comme les aultres drapz.

Item tous drapz de moindre laine quy seront faitz en ladicte ville et banlieue, et qui seront teinctz en icelle ou dehors, ceux à quy lesdictz drapz seront, aprez qu'ilz seront teinctz, seront tenus de les envoier au premier ou second esgard de ladicte ville, et ceux quy seront teinctz suffisamment et quy seront demeurez en leur longueur de deux aulnes, auront et leur sera mis un scel de plomb avec celluy quy y aura esté mis à l'esgard paravant ladicte teincture, avant qu'on les puisse mettre ne exposer en vente sur ladicte peine e amende de x solz, et ceux quy n'auront lesdictes

1. Laines ayant subi le premier peignage.
2. Côté.

II aulnes n'auront point ledict second scel, mais y sera mis le signet de cire rouge.

Item chacun drappier de la dicte ville pourra acheter s'il luy plait soit à Calais, ou ailleurs où bon leur semblera, drapz de la valleur de xxiiii solz l'aulne et au dessus, et aussy tost qu'ilz seront venus en ladicte ville de Monstreul; neantmoins ceux à qui seront lesdicts drapz, seront tenus de les aporter au premier esgard, sans pouvoir faire ouvrer sus : et pour le premier esgard ne paieront aucune chose, se ainsy n'estoit que lesdicts drapz fussent teincts et prestz de vendre, et desdictz drapz non parfaitz sera retenu un eschantillon, et quand ilz seront rabilliés, on les rapportera audict esgard et lors sera baillé le signet de ladicte ville, en paiant le droict tel que payent les aultres drapz de ladicte ville ; et sy les drapz ne sont trouvez bons et vaillables à passer à l'esgard, ilz seront bannis de la ville.

Item lesditz drappiers pourront acheter ou faire acheter dehors, s'il leur plaist, des fins drapz ayans les bons sceaux de la ville de Rouen, Monstrevillers, Ipre, Bruxelles, Malines, Lierre [1] et ailleurs, pourveu qu'ilz soient de la valeur de xxiiii solz l'aulne et au dessus ; et seront tenus lesdictz drappiers quy acheteront lesdictz drapz, de les apporter à l'esgard de ladicte ville, et aussy tost qu'ilz les auront en leurs logis, sur peine de xx solz pour chacune fois qu'ilz feront le contraire, et pour chacune piece de drap, et ainçois qu'ilz ayent aucunement ouvré ne fait ouvrer sur iceux drapz ; et pour ledict premier esgard ne paieront aucune chose, comme il est contenu en l'article precedent, se ainsy n'estoit que lesdictz drapz fussent teinctz et prestz pour vendre ; et desdictz drapz non parfaictz sera retenu comme dict est un eschantillon ; et quand ilz seront reparez et rapointez [2], ilz

---

1. Ville des environs d'Anvers.
2. Racommoder.

seront rapportez à l'esgard, et lors sera baillé le signet de la ville en paiant le droict, tel que paient les autres drapz de ladicte ville; et quy fera le contraire, il paiera amende à la ville pour chacune fois et pour chacune piece de drap de xx solz.

Item tous pareurs seront tenus de porter leurs drapz, anchois[1] qu'ilz les renvoient au mollin ou au logis de l'un de leurs prevostz, pour voir par iceux prevostz s'ilz seront bien degraissez, sans attendre que lesdicts prevostz aillent en leurs maisons, sur v solz d'amende.

Pour ce qui est venu à la cognoissance de mess[rs] majeur et eschevins, que plusieurs pareurs et aultres oeuvrent pour parer drapz de gardes de fer au lieu de chardon, au grand dommage, prejudice et diminution de la drapperie de ladicte ville, on commande et deffend à tous pareurs et aultres qu'ilz parent et oeuvrent desdicts chardons, et non d'aultre instrument; et ne soit nulz sy hardis d'ouvrer sur drapz pour parage desdicts gardes de fer ny aultres, sinon desdicts chardons, sur peine de perdre le mestier de pareur an et jour, de cent sols parisis d'amende pour chacune fois, et de pugnition de prison à l'ordonnance de mesdicts seigneurs.

Aucuns en la ville et banlieue ne se entremettent de foeulleter[2] drap, à peyne d'amende de lx solz parisis et de pugnition, à l'ordonnance de messieurs.

COURTIERS

Aucuns courtiers[3] de ceste ville ne soyent sy hardis que de se mesler de servir de courtier, sy premierement il n'a presté le serment devant le majeur à peyne de lx solz.

1. Avant.
2. Feutrer; préparation spéciale des draps.
3. Intermédiaires entre le vendeur et l'acheteur.

Aucuns courtiers n'ayllent acheter ny ayder à acheter drap qu'ilz n'ayent fait le serment auparavant, et que lesdictz drapz n'ayent le scel ou signé de la dicte ville, et s'ilz n'ont lesdictes merques, lesdicts courtiers sont obleigez de le declarer au majeur par serment, d'autant que celluy quy sera trouvé faisant le contraire ne pourra jamais exercer ledict exercice, et sy sera banny de la ville et banlieue, un an et jour.

Aucuns courtiers ne peuvent acheter drapz ny demy-drapz pour revendre en gros ny en detail dans ladicte ville et banlieue, et celuy quy fera le contraire ne pourra à jamais se mesler de ladicte exercice de courtier.

Tous courtiers de drapz quy ayderont à vendre ou à acheter drap, auront pour leur sallaire III deniers pour drap et II deniers pour demy-drap et non plus; et le vendeur sera tenu de le paier, et sy lesdictz courtiers ne sont presents, ilz n'auront aucun sallaire.

Les courtiers de vins auront pour leur sallaire de ce qu'ilz feront et ayderont aux marchands à vendre leurs vins III deniers de la pippe et des autres pieces à l'avenant.

Item, nous deffendons à l'aulneur des drapz quy de present est audict exercice, et quy en temps advenir seront, qu'ilz ne aulnent aucuns drapz, qu'ilz n'ayent estés premierement à l'esgard de l'escru et du paré de ladicte ville ; et ordonnons que lesdictz aulneurs seront tenus de faire serment avant qu'ilz puissent exercer ledict office de aulnage, sur V solz d'amende pour chacune fois qu'ilz feront le contraire.

VENDEURS DE THOILLES

Vendeurs de thoilles, il est ordonné par mess", afin d'eviter aux frauldes et deceptions, quy pourroyent estre en vos thoilles, que vous exposez en vente, quy sont ou peuvent estre plus larges par le bout où vous les deschirez que à les decoupper, que quand on viendra à vos boutiques pour acheter de la thoille, que vous monstrerez la largeur qu'elle aura, soit au bout ou autre endroit où vous aurez commencé à coupper arriere du bout en la thoille de deux aulnes et non plus prez dudict bout, sur iii solz d'amende, et ne le couppés fors au bout là eu vous aurés commencé, sur ladicte amende ; et aucuns ne les deschire, ains les couppe à chacun detail sur iii solz d'amende.

QUEUTILLIERS

Il est ordonné que tous les queutilz[1] que vous ferez, que vous les apporterez à l'esgard auparavant, que vous les puissiés délivrer à ceux quy vous les auront fait faire, ou vous payerés iii solz d'amende.

Et tous queutilz, quy seront faitz en ceste ville ou hors d'icelle, seront apportez à l'esgard, ou ilz perdront lesdictz queutilz, sy davantage ilz les vendent sans estre esgardez.

Et vous, marchans de queutilz, faites vos ouvrages, c'est assçavoir queutilz de sept cartiers de large et de vi aulnes de long, et ceux de deux aulnes de large de vi aulnes et demy de long, et les autres à la quantité ; et quy sera en deffaute de ce faire, il paiera ii solz d'amende et de ix cartiers iii solz, et de xi quartiers iiii solz, et de iii aulnes v solz ; et sy seront couppez et vendus en la vieserie, là où l'on vend les chausses.

1. Toile serrée et lissée, coutils.

Et vous, tellier[1], ne les delivrez point qu'ilz ne soient auparavant esgardé, car quy fera le contraire, il sera pugny, et sy paiera v solz d'amende et aussy tenu de faire serment.

Et vous, marchans et queutilliers, il est ordonné par le conseil de la ville, que tous queutils faitz hors de ceste ville, que vous aporterez ou ferez apporter à vendre en icelle, seront vendus avec les queutilz d'icelle ville, pourveu qu'ilz ayent le scel ou marque de ville de loy, là où ilz avent esté passé et esgardé ; et s'ilz sont bon, et qu'ilz ayent ledict scel ou marque et ayent esté à l'esgard, et qu'ilz ayent longueur et largeur, ilz auront un petit scel de plomb de nouveau ordonné, et seront vendus avec les bons queutilz, et s'ilz ne sont suffisans, ilz seront couppez au travers et vendus avec le viel linge et cuchié pour chacun III solz d'amende, et lesdicts esgardz auront de chacun queutil II deniers pour leur sallaire.

Et aucuns quy venderont queutilz, ne mettent aucunement queutilz emplis de boure, avec ceux de plume, sur l'amende de xx solz, ny mette aucune boure avec de la plume sur ladicte amende, et les queutilz estre à la volonté de la ville, soit de le brusler, ou aultrement.

Et vous ouvriers de queutilz, soiez demain aux plaidz.

VIESIERS[2]

Aucuns ne mette drap en arc[3], sur l'amende de III solz, dont les esgardz auront XII deniers.

---

1. Marchands de toile en gros ou en détail.

2. Fripier, racommodeur, revendeur. — Fripiers d'habits en neuf et en vieux. (Abbé Corblet.)

3. Cercle à étendre le linge.

Aucuns n'ait noeuf capperon [1], ne capperon de piece en sa marchandise, sur peine de perdre l'oeuvre.

Et aucuns quy se mesle de chausseterie [2] ne porte vendre piece d'oeuvre entre les boutiques et hetaux ; mais ilz les vendent dehors les hetaux ou sur les hetaux en rents [3], sur ii solz d'amende, ou de perdre la piece d'oeuvre, ny les vende entre les guihalles et les bornes, ii solz.

Aucuns chaussetiers [4] ny aultres n'achetent drap noeuf pour faire garniement [5] pour revendre à son estal, sy le drap n'est auparavant retrait, sur v solz.

Aucuns tels qu'ilz soient, ne vende garniment ou capperon, qu'il ne soit retrait, sur l'amende de xx solz, et le garniment surfaict à la volonté de la ville ; ny ne faites chausses, qu'elles ne soient de bihais, sur l'amende de iii solz.

Aucuns ne soient sy hardis que de vendre noeufve oeuvrage ne vielle, atramée [6] de boure, sur v solz ; et aucuns ne mettent savon en drap viel, quy rapparelle, sur xx solz ; et aucuns marchans ne aultres n'achete aucunes vieserie pour revendre le samedy, jusques à ce que la verge sera ferue.

Toute oeuvre deffendue, et que les esgardeurs les pourront trouver en la ville ou en la banlieue, et ès maisons, ou bien dans le marché, entre les mains de marchant ou de regratteur, ilz le pourront prendre.

Item toute oeuvre pourrie, trouvée en mains de regratteur, l'on couppera le mauvais dehors, et sy seront tenus le

1. Chaperon.
2. Fabrique de chausses.
3. Rangs.
4. Fabricants de chausses en drap, toile et soie ; les chausses tenaient lieu de bas.
5. Equipement, vêtement, ornement.
6. Tramée.

monstrer aux esgardeurs, et faisant le contraire paieront
III solz.

Pour le faux drap, III solz, pour drap refaict de mauvais,
V solz, pour drap corrompu du cardon[1] et mauvaisement
refaict, II solz.

Aucunes revenderesse, quy aura faict le serment par devant
nous et baillé caution, ne pourra acheter aucune marchandise pour revendre, à peyne de x solz, ne aucuns autres ne
peut acheter pour revendre le jour mesme qu'il l'aura
acheté les denrées, à peyne de la dicte amende.

Aucuns marchans vieziers ne regratteur, quy vend panes[2],
ne vende aucunes pommes pourries, qu'elles ne soient bonnes
et loyalles, sur l'amende de II solz, et coupper le pourry
dehors.

Aucuns ny aucunes ne vendent drap, linges, telz qu'ilz
soient, le viel avec le noeuf, ains separement et aux lieux
accoustumez, à peyne de x solz d'amende.

Aucun viezier ne soit sy hardy, quy se mesle de vendre
du noeuf, d'acheter aucune chose de viel, pour le vendre
comme viezerie, à peyne de LX solz.

Et vous consturiers, ne faites ny ne merlez en voz ouvrages
aucune chose de viel avec de la noeufve, à peyne de perdre
l'ouvrage ; et n'ayent aucuns ny aucunes deux hetaux d'une
mesme marchandise, sur III solz d'amende.

Et sy c'est vieille ouvrage, que vous ayez faite, vous le
dirés à ceux quy le voudront acheter, sur peyne de III solz
d'amende.

On deffend à toutes revenderesses sur toutes choses
qu'elles peuvent faire, de ne se mesler de reporte, ne vendre
aucune chose que ce soit, qu'elles n'ayent presté le serment
et baillé caution, à peine de x livres parisis ; et sy seront

1. Chardon.
2. Etoffes de soie à longs poils, draps, tissus, fourrure.

tenues de vendre bien et loyaument, et aussy de n'acheter aucune viezerie, pour revendre à leur proffit, sur l'amende de xx solz, et seront aux plaidz demain pour en faire serment.

Et aucuns marchans vieziers ou regrateurs ny aultres, n'achete ou transporte de maison à aultre, dedans la ville et banlieue d'icelle, aucuns garniments ou estoffements d'hostel, qu'il ne soit une heure aprez soleil levant et une heure aprez soleil couchant, à peyne de c solz parisis d'amende pour chacune fois et estre pugny à la volonté de mess[rs].

Item que nulz des dictz vieziers ou frippiers, ne vendent dans ladicte ville et banlieue aucuns pourpoinctz noeuf ne aultres garnimens ensemblement, qu'ilz n'ayent ou ait estés portez, et que on ne s'en percoyve, à peyne de x solz parisis d'amende pour chacune fois et pour chacune piece.

Pour ce qu'il est venu à la cognoissance de mess[rs], qu'aucuns des parmentiers de la ville, faisoient pourpoinctz de futennes[1], pourquoy aucunes frauldes pouvoient arriver, et aussy pourpointiers aultres habitz que pourpointz, les dictz sieurs ont ordonné que les dictz pourpointiers ne feront nulz habitz que pourpoinctz et juppes, et lesdictz parmentiers ne feront nulz pourpoinctz de futennes, à peyne de xx solz d'amende pour chacune fois qu'ilz feront le contraire.

PLETTIERS

Tous pletiers[2], quy feront oeuvre de pleterie, il paiera pour chacune chef d'oeuvre de paire de plichon[3] iii solz.

---

1. Etoffe de fil, de coton ; sorte d'étoffe croisée. futaine.
2. Préparateurs de peaux, avec leur poil, pour en faire des fourrures.
3. Pelisse, vêtement de peau fourrée.

TANNEURS, CORROYEURS ET CORDONNIERS

Aucun tanneur ne remette cuir en plain, après qu'il est pellés, ny ne vende ny mette en oeuvre cuir devant qu'il ayt esté esgardé, à peyne de LX solz ; et sy les esgardz trouvent aucuns cuirs quy soit mal tanné, ledict tanneur paiera pour chacun cuir XII deniers.

Et soient tous les cuirs esgardez l'un après l'autre par lesdicts esgardz, et que ceux à quy seront les cuirs, ne soient presens, lorsque l'on les esgardera, à peine de V solz ; et tous tanneurs quy auront cuirs refusez à l'espard comme mal tannez, et quy seront signez du seing de reffus, seront tenus de rendre compte desditz cuirs et de les montrer aux esgardeurs, quand ilz seront bien tannez et de dire : « voicy telz cuirs qu'ilz me furent refusez, comme mal tannez, » sur l'amende de LX solz pour chacun cuir.

Cuirs tannez en ceste ville, quy viendront trop plain et quy seront oultrez, paieront V solz, et sy seront en la vollonté de la ville.

Et vous tanneur, on vous deffend que vous ne lavez point voz poils à vos plancquiers[1], ains faites les laver oultre à le ewe[2], sur III solz.

Aucuns cordonniers ne soit sy hardy que ès conroy de cordonnerie ne ès semelles mette croye[3], ne fleur, ... sur V solz.

1. Longues tables servant aux tanneurs.
2. Eau.
3. Craie.

On deffend aux corroyeurs et aux cordonniers, qu'ilz ne mettent point de sain sur leur cuir, s'il n'est bon et loyal, soit le leur ou l'autruy ; et sy ne peuvent lesdictz correurs rendre auxdictz cordonniers, ny à aultre rendre aucun cuir qu'il leur aura esté baillé, que auparavant, ilz ne soient esgardez par les esgardz, sur II solz au correur, et II solz à celluy quy les recepveroit ou prendroit pour chacune fois, combien qu'il y ait de pieces ; et sy on esgardera lesdictz cuirs trois fois la sepmaine en la halle des cuirs tanez, sçavoir le lundy, le jeudy et le samedy, et s'il a deflaulte du conroy, le .... sera pour le cuir entier à VI deniers d'amende, et pour la estraiure à VI deniers, et pour I dos à VI deniers ; et avec ce, s'il empiroit, le cuir leur demeuroit pour le pris qu'il seroit prisés, et ne pourra estre vendus en la ville, et lesdictz esgardeurs obleigez d'aller tous les jours dessus dictz en la halle en dedans l'heure et place ; et ainsy leur est enjoinct par serment, et deffendons aux esgardz, qu'ilz n'esgardent aucuns cuirs, se les estraiures et les paus[1] ne sont ensemble et unis à une fois, et les cuirs que on corroy entiers.

Il est ordonné et accordé en la vollonté de ladicte ville, que les cordonniers et ouvriers de cuir de ladicte ville de Monstreul, pourront aller acheter cuirs tanez, là où il leur plaira, pour ouvrer neantmoins en ladicte ville ; mais ilz seront esgardé jusqu'à la volonté de la ville, par certaine forme que ladicte ville a ordonné.

Item que tous les cuirs que on achetera hors de la ville de Monstreul, on les apportera à l'esgard, sur l'amende de LX solz, pour monstrer le seingne ou scing de la ville, là où ils auront esté acheté, et qu'ilz soient veuz pour sçavoir s'ilz sont bon et suffisant selon les esgardz de la dicte ville.

1. Peaux.

Item que tous cordonniers, telz qu'ilz soient, quy achetent cuirs de dehors ne en la ville, ne les conrove ne froisse en sa maison ne ailleurs, mais les portent ou envoyent aux froisseurs [1] et corroyeurs pour appointer [2], sur l'amende de LX solz.

Item que sy aucun cuir sont apporté aux froisseurs, quy n'aient le seing ou marque, comme dict est, il les apporteront à la ville, sur l'amende LX solz.

Item, il est ordonné, que tous marchans de ceste ville, poront mener et vendre en ceste ville toute maniere de soulliers telz qu'ilz soient, non obstant qu'ilz ne soient passé par l'esgard de ceste ville, mais on les vendera auprez les tiretaines [3] en la vieserie et non ailleurs; et celuy quy les vendra ailleurs, on les confisqueroit, et sy seroit à l'amende de V solz.

Aucun tanneur ne aultres ne soient sy hardis, quy porte cuir ouvrer, s'il n'est et n'a le seing de la ville; car celuy quy en sera attainct, il sera à l'amende de LX solz et perdra ledict cuir.

Et le froisseur quy le recepvra, paiera XX solz; et sy cela n'empeschera que sy lesdictz cuirs estaient mal tannez, que ceux à quy ilz seront, ne paient XII deniers.

Et sy on leur commande de monstrer tous leurs cuirs aux esgardeurs, à peyne de XX solz, et aux esgardz qu'ilz regardent par tout les maisons desdictz froisseurs.

Aucuns ne soient sy hardis, de ceux quy se meslent de faire soulliers, d'y mettre vielles contrefors, ne languettes de mouton, ne estoffes de basane, sur II solz, et perdre les soulliers, sy ce n'est blanche basane pour mettre aux cuisseux [4],

---

1. Ouvriers qui tannaient les cuirs.
2. Préparer.
3. Estoffe de soie ouvrée.
4. Côtés de la selle ou posent les cuisses des cavaliers.

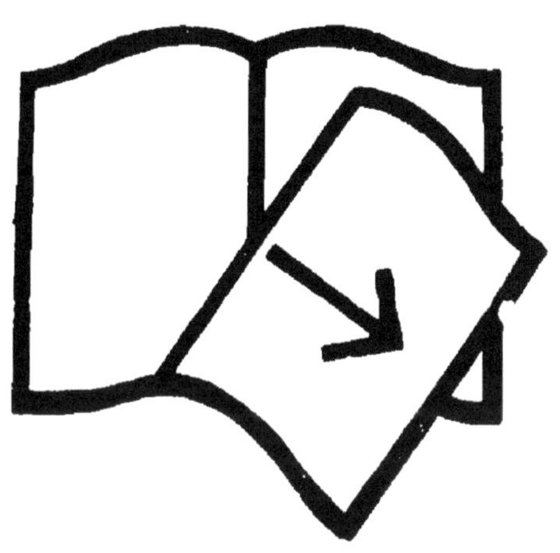

Documents manquants (pages, cahiers)

NF Z 43-120-13

seignent de leurs dictes merques, comme dict est, sur l'amende de v solz pour chacune d'icelles pieces que on trouvera non seignées.

OUVRIERS DE CHIRES

Vous ouvriers de chire[1], faites bonnes ouvrages et loyales et ne mettez en sierge[2] d'une livre que trois filz de lingement, et en ait autant à un bout qu'à l'autre, sur l'amende de xx solz et du mestier à la volonté de la ville.

Item en chandelle de table et coppons[3] de xvi à xviii à la livre, vous metterez deux fils de lingement, et non plus, sur l'amende de xx solz et du mestier, à la volonté de la ville.

En torses de quatre livres, vous metterez un carteron de lingement, et non plus, et ès aultres à l'avenant, sur l'amende devant dicte; et ne mettez en torses aucun baston quy ne soient sec et loyal, sur ladicte amende.

ORFEVRES

On deffend à tous orfevres et aultres, telz qu'ilz soient, quy achetent joyaux d'or et d'argent, vaisselles, plomb, estain, cire, n'y prester argent sus, s'ilz ne sçavent dont ilz viennent, sur cent solz, et de perdre ce qu'ilz auroient achetés et l'argent qu'ilz auroient presté dessus, et d'estre pugny de prison, à la volonté de Messrs majeur et eschevins.

1. Cire.
2. Cierge.
3. Bougies, chandelles de cire. — Petites chandelles que les épiciers donnaient aux enfants la veille de Noël. (Abbé Corblet.)

Vous, orfevres, qui voullés ouvrer de vostre mestier
d'orfevres, faites les estoffes de ce que vous ferés de bon
argent, tant pour autruy que pour vous-mesmes, et d'aussy
bon argent que celuy de Paris, et non moindre, sur les
amendes que cy-après vous seront declarées.

C'est assçavoir : que toutes les pieces d'ouvrage que vous
ferez de vostre dict mestier, soit tasses, gobeletz, vaisseaux
d'eglise ou cheinctures[1], pesans le poix de trois onces ou
par dessus, seront esgardéez et marquéez par ledict esgard et
de le marque par nous ordonné; et sy lesdictes ouvrages sont
trouvé moindres ou aultres que bonne, vous serés pour
chacune fois que ferez le contraire et pour chacune piece, à
l'amende de x solz parisis, avec restitution à partie et pugnition comme dessus.

Item tous vos aultres ouvrages d'argent pesant au-dessous
de III onces, pour ce que bonnement ne se peuvent tant
marquer, faites les d'aussy bon argent que dessus est dict,
reservé ce quy se jette, ouquel y pourra avoir cincq estre-
lins[2] d'alloy sur le marc[3], et non plus; et seront esgardé
comme dessus; et mettez en tous vosdictz besongnes sau-
dure[4] raisonnablement, quy soit tel que les II parties argent
et le tierce alloy, et non plus; et au cas qu'il y ait plus, et
que vous serés trouvé faisant le contraire des choses dessus
dictes, vous serés à l'amende et pugnition, comme dessus
est dit.

Item un chacun de vous sera tenu de merquer de sa
marque toutes les ouvrages que vous ferez, pesans au dessus
de III onces, comme dict est; et desquelles marques vous en
laisserés les empreintes de plomb par devers nous, et après

---

1. Ceintures.
2. Monnaie ; c'est le mot anglais sterling.
3. Poids.
4. Soudure.

seront vosdictes ouvrages marqués, sy elles se trouvent bonnes, à la discretion des esgardz, d'une marque et poinchon d'achier [1], quy sur ce sera ordonné ; sy ne pourrés delivrer aucune besongne, soit que l'ayés acheté ou qu'elle vous vienne, que par avant elles ne soient esgardés et marqué, comme dict est, à peyne de telle amende et pugnition que dessus est dict.

Item, vous orfevres, faites vos ouvrages, tant aigneaux [2], fermaux [3], ou aultres joyaux quelconques, que vous ferez à xix carax du moins d'aussy bon argent que de Paris. Sy ne pourrés faire aucune bague ou piel au plus d'alloy [4] pour les fraudes quy s'en pourroient ensuivir, sy ce n'est par la licence des esgardz à ce commis. Sy ne pouriés mettre aucune fausse pierre en or, ny bonne pierre semblablement en laiton, car quy sera trouvé faisant le contraire d'aucune des choses dessus dictes, il en sera pugny d'amende et pugnition telle que dessus est dict.

Item seront tenus tous les orfevres, qui voudront ouvrer et tenir boutique en ladicte ville dudict mestier, de bailler caution à la ville de xx livres parisis, pour respondre des besongnes qu'autruy leur porteront pour ouvrer. Sy leur interdisons à peine de xx livres parisis d'ouvrer en ladicte ville jusques à tant qu'ilz auront baillé ladicte caution.

Et vous orfevres, on vous deffend que l'or ou l'argent, quy vous sera baillé à mettre en oeuvre, que vous ne l'engagiés ou vendiez ; car sy vous le faites et que plainte en arrive, vous demeurez prisonnier jusques à tant que vous l'aurez restitué ; et sy en serés pugny à la volonté de messei-

1. Acier.
2. Anneaux.
3. Fermoirs.
4. Alliage.

gneurs ; et sy n'employés l'or ou argent quy vous sera baillé,
à mettre en oeuvre, lors pour celuy quy vous l'aura baillé ;
sy vous deffendons de faire prester d'argent sur gaige d'or,
d'argent ou de joyaux, à peyne d'estre pugnis, comme dessus ;
et sy en paicriés lx solz d'amende pour chacune fois.

Sy vous est ordonné d'escrire les noms des personnes, de
quy vous acheterez quelque chose et le jour, afin d'en
sçavoir respondre, sy besoing est ; et aussy de tenir à vos
fenestres ce que vous aurez acheté, deux jours ensuivans
l'un l'aultre, aprez que l'aurés acheté, sur l'amende de
c solz.

Item on vous deffend, et à tous usuriers et merchers[1], que
nulz n'achetent calices, ny aultres ornemens d'eglise quelconques, sans le congé de justice, à peine de c solz, et estre
pugny de prison à la volonté de messeigneurs ; et pour ce ne
demeuroit poinct, que sy la chose estoit vendue par aultre
que celuy ou ceux à quy il appartiendroit, que l'acheteur
ne la rendist sans en avoir restitution.

Et seront lesdictz orfevres et leurs varletz tenus de venir
par devers nous faire le serment solennel de faire et tenir
bien et justement toutes les choses dessus dictes ; et pour lesdictz sermens faire, soient demain aux plaidz, et ne reçoivent
doresnavant lesdictz orfevres aucuns varletz à travailler, que
premierement ilz n'aient fait ledict serment sur ladicte
peine.

PLUSIEURS ÉDITS COMMUNS

ADVOCAT

Aucuns n'aille plaider pour deniers par devant viscomte,
comme advocatz, devant qu'il ait fait le serment par devant

1. Merciers.

le majeur, et le vicomte et l'advocat soient demain au plaidz.

Aucuns n'aille plaider contre son juge devant vicomte, ny ailleurs, pour homme estranger, pour deniers, ny pour loyel [1], sy ce n'est advocat jurés.

Item, pour ce que plusieurs subjetz de la ville et aultres s'efforcent de jour en jour en l'eschevinage de ladicte ville, de proposer ou faire proposer faux faitz et choses non veritables, pour trouver forme de procès en calumiant (sic), ou retardement du droit des parties, dont grandz frais s'en ensuivent, mesdictz sieurs, pour y ce remedier et pourveoir, ont ordonné et ordonnent que ceux qui deschéront des causes, procès et poursuittes contenées, paieront pour amende de faux faix proposés vi solz parisis, et pour une folle denegation, iii solz parisis.

Item, afin que chacun soit diligent et soigneux de garder et eviter que feu de meschef [2] n'avienne en la ville, mesdictz sieurs majeur et eschevins ont ordonné et ordonnent que celluy ou celle, par quy faute, coulpe [3] ou negligence, ledict feu de meschef aviendra, sera banny de la ville et banlieue de Monstreul, à l'ordonnance et rappel de mesdictz seigneurs.

Pour remedier et pourveoir aux inconveniens de feu de meschef, quy pourroient advenir de nuict en ladicte ville, Messrs ont ordonné et statué, que prestement qu'il y aura feu de meschef, à son de cloche du ban, le majeur, les eschevins, les connestables, les arbalestriers et prevostz de gueudes [4], seront tenus de comparoir en quelque lieu que le feu de meschef se prenne, sur le Dernestal [5] de la ville

1. Loyer.
2. Malheur, accident.
3. Faute.
4. Milices bourgeoises.
5. La place du Dernetal se trouvait vis-à-vis le portail de l'église Notre-Dame.

avec leurs torses alumées, pour illec aller par chacun desdictz eschevins, conseilliers, conestable et prevostz, au lieu
du feu, ou ailleurs et en tel lieu qu'il leur sera ordonné par
le majeur, et ont ordonné mesdictz sieurs que lesdictes
torses ne soient point estaintes et qu'elles demeurent brus-
lantes, jusques ad ce que ledict feu de meschef sera cessé et
passé, sur peine et amende de soixante solz parisis, en quoy
escherront celluy ou ceux quy feront le contraire.

Item il est encores ordonné et statué, pour remedier auxdictz inconveniens de feu, que chacun habitant de la ville
aura en sa maison, provision de sceaux, xii du moins quand
. . . . , et deux du moins aux moindres, et des moiens
à portion, chacun selon la puissance; et que de chacun
hostel, il y ait serviteur ou personne portans deux sceaux
plains d'eaue au lieu du feu, prestement que on sonnera la
cloche, et que après le feu cessé et failly, les seilles[1] soient
rapportées par les varletz à la maison de la ville, pour
rendre à chacun ses seilles, et que chacun face marquer et
seigner les siens, sy que aucun ne prenne ny retienne ceux
d'aultruy, sur peine de lx solz parisis pour chacun, et pour
chacune fois que on feroit le contraire, et d'aultre griefve
pugnition arbitraire de prison et aultre, à l'ordonnance de
mesdictz sieurs.

REVENDEURS

Aucun de sa volonté ne se entremette de office de revendeur de poissons, de vollaille, de fruictz, ny d'autres marchandises en la ville et banlieu, qu'il ne soit premierement
ad ce commis et institué par les majeur et eschevins de ceste

1. Seau.

ville, ausquelz apartient l'auctorité de ce faire, sur peine et amende de c solz parisis applicquable à la dicte ville.

Item est ordonné, que ceux quy seront commis revendeurs de quelque marchandise que ce soit, par les majeur et eschevins de l'année, seront tenus, ainçois qu'ilz puissent exercer ledict office, de faire et renouveler chacun an le serment en tel cas accoustumé faire, et de bailler caution de cent solz parisis quand aux revendeurs de poissons, et de quarante solz parisis quand aux revendeurs de fruicts et d'aultres telles petites et menues marchandises, pour refonder [1] les abus et payer ceux à quy ilz acheteront, sur pareille amende que dict est.

Item est encores ordonné et deffendu à tous lesdictz revendeurs et aux paticiers et cabarestiers de ladicte ville qu'ilz n'achettent pour eux ne pour aultruy, ne facent acheter par aultruy pour eux, poissons, volailles, fruictz ne aultres denrées en la poissonnerie, au marché aux portes de la ville, ny ailleurs en la ville et banlieue, depuis les Pasques jusques à la Sainct-Remy qu'il ne soit [2] heures du matin sonnées et depuis la S⁺ Remy jusques à Pasques noeuf heures sonnées, sur l'amende de cincq solz parisis pour chacune fois, et pour chacune personne quy feront le contraire ; et ne s'aprochent ne facent aprocher par aultruy pour eux esditz marchez et lieu, là où l'on vend lesdictes denrées, devant lesdictes heures sonnées, sur ladicte amende de x solz parisis, et de pugnition de prison à l'ordonnance de mesdictz seigeurs.

Item, est aussi ordonné et deffendu ausdictz revendeurs, pasticiers et cabarestiers, qu'ilz n'achetent ny facent acheter par aultruy devant lesdictes heures, poissons de compte *(sic)*, anguilles, harencqz frais, non plus que les aultres poissons, sur pareille amende que dessus chacun, et pour chacune fois qu'ilz feront le contraire.

1. Réparer.
2. Un mot sauté par le scribe.

Sy ne pourront lesdictz revendeurs de poissons ou harenqs ou morues, estre revendeurs de fruictz, mais seulement de l'un ou l'autre desditz estats, sur peine et amende de LX solz.

DES BATTEAUX ET CHEVAUX DE LOUAGES

Vous, qui menez sur eaue et quy avés batteau, gardez que vous ne les fermiez chacune nuict avec de bonne chaine de fer à vos plancques[1], car sy vous ne le faites, vous paierés v solz et vostre batteau à la volonté de la ville.

Vous qui tenez chevaulx à louage, il est ordonné et vous deffendons, que vous n'ayés et bailliés à louage aucun cheval de moindre valeur que de x florins[2], sur l'amende de x solz ; et moiennant ce, ne serez tenus de bailler voz chevaulx à aucun, sans bonne caution et seureté de bourgeois ou ostage[3] de la ville, s'il ne vous plait, et seront les chevaux prisez auparavant que vous les exposiés à louage sur l'amende de xL solz ; et sy vous les tenez à moindre feur que le pris dessusdict, vous n'en aurés que demy paiement quel convenance qu'ayez faite avec ceulx à quy vous l'aurez loié.

Item est ordonné et statué que un chacun ayant maison, tenement ou terres en ladicte ville et banlieue, dont il soit seigneur et adhérité[4], chargés d'une ou plusieurs rentes fonssieres ou surcensieres, s'il advient que ceux ausquelz

1. Planches.
2. Pièce de monnaie.
3. Hôte.
4. Mis en possession.

apartiennent ou apartiendront lesdictes rentes, vendent ou transportent lesdictes rentes en tout ou en partie à quelconque personne que ce soit, demeurant en la ville et banlieue ou dehors, pourra et aura faculté de reprendre et ravoir icelles rentes ainsy vendues pour descharger sa maison et tenement, et pour le bien et entretenement des edifices et eviter les ruynes, par restituant et remboursant les acheteurs du vray pris principal qu'ilz en auront paié, sans fraulde avec des fraiz et loyaux coustements, à l'ordonnance de justice ; lequel rachapt et ratraict se pourra et debvra faire par dedans un an prochain ensuivant ladicte vendition passée pardevant Messrs majeur et eschevins, et non point après ledict an passé.

Nous, majeur et eschevins pour eschever[1] questions et procès en esclarcissant l'esdit dessus declaré, avons statué et ordonné, statuons et ordonnons que ès transportz ou alienations qui se feront, où il ne auront pris d'argent constitué, ou sy ladicte alienation se faisoit par bailler à rente, que se peut racheter ès cas dessusdit ou aultres semblables, le ratraict se pourra faire selon ledict edit, en remboursant la juste valeur, à laquelle lesdictes rentes seront estimées par dire de gens à ce cognoissans, avec tous fraiz et leurs coustemens.

CUVELIERS

Cuvelliers[2], on vous commande que tous les cercles que vous metterez en oeuvre à tonneaux, pippes, baricques,

---

1. Eviter.
2. Tonneliers, faiseurs de cuves.

cuviers, seilles[1], et autres part, que vosdictz cercles soient lyés d'oziere[2] bien et deuement, sur ii solz d'amende pour chacun vaisseau, sy ne faites point ouvrage à deux fondz de mairiez, là où il y ait eu graisse.

Item, aucuns cuveliers ne retienne ny eschange vieux barilz à vergus, pour revendre à mettre vergus, sur l'amende de iii solz pour chacune piece.

Vous, cuveliers qui ferés barilz à mettre harencq, nous vous commandons que vous les faciés de telle muison[3] qu'ilz tiennent lx pots au moins et lxii au plus; car s'il sont trouvé aultres, ilz seront à la volonté de la ville, et sy paierés iii solz d'amende pour chacun baril, et les faites de bon bois a creure sans obun, tellement qu'ilz tiennent leur saumures, sur la mesme peine de iii solz, et de rendre à partie son dommage, et sy ferez à chacun vaisseau voz marques, afin que l'on l'en cognoisse, sur v solz.

MENUISSIERS

Tous menuissiers seront tenus de faire ouvrage de leur mestier, quy soit bonne et loyale et de bon bois, et qu'elle soit faites bien et suffisamment, selon que la besongne le requiert.

Item sy aucun coffres ou bahutz ou aultre ouvrage, estoient faites de bois bieule ou vermoulu, ou partie d'icelle ouvrage en aucun lieu, il seroit à v solz, et sy ne porroit passer l'esgard, tant qu'il y eust deffault.

1. Grands seaux où l'on mettait ordinairement l'eau à boire.
2. Osier.
3. Mesure.

Item, sy aucun coffres ou bahutz avoient aubun [1] en aucun endroictz, fust aux costez ou aux boutz dessous ou dessus, il seroit à v solz comme dessus, reservé le fond, et sy ne passeroit à l'esgard.

Item, sy en aucunes des ouvrages et besongnes dessus dictes, il y avait aubun aux arrestz, quy allast sy avant que les heves [2] et joinctures ne fussent bonnes et seures, il seroit à v solz et ne passeroit à l'esgard.

Item, sy aucuns coffres et bahutz ou aultre oeuvre dudict mestier, sont trouvez faitz mauvais et moins suffisans et qu'il y ait deffault de n'estre bien joinctz, bien liez et ordonnez, et que les fermetures et joinctures ne sont suffisamment faites et attacquées, ou que l'on y trouvast faux bois ou aultre deffault, celuy, à quy ladicte ouvrage seroit, paieroit v solz pour chacune piece, là où ledict deffaut seroit trouvé, et sy seroit obleigé de le refaire, tant qu'il deust passer à l'esgard.

Item que aucuns menuissiers ne pourront prendre ne vernir aucuns coffres ou aultre oeuvre de leur mestier jusques à ce qu'il auront estez veuz et esgardez, et aussy n'en pourront vendre ny livrer aucuns, soient blancz ou vernis, jusques à ce qu'ilz auront esté esgardez, et quy fera le contraire, il sera à v solz à la ville, avec pugnition de prison à la volonté de Messrs.

Item sy aucuns coffres ou bahutz, estoient trouvez peints ou vernis sans avoir esté esgardez, et que lesditz esgardz les eussent trouvez, et qu'ilz ne fussent point suffisamment faitz, ilz seroient à la volonté de la ville, avec l'amende de v solz.

Item que tous menuisiers seront tenus de monstrer ausdictz esgardz toutes leurs besongnes, qu'ilz auront en leurs

1. Bois blanc.
2. Rainures.

maisons, touttesfois que les esgardz le requerront; et s'ilz sont reffusans de ce faire, ilz seront à v solz pour chacune fois, avec pugnition de prison à l'ordonnance de la ville.

Item nous deffendons ausdictz menuisiers, qu'ilz ne travaillent en leurs dictes ouvrages de blancq bois avec du chesne, et du chesne consecutivement avec blancq bois.

EDIT ET ORDONNANCES

En ensuivant ce qui a esté ordonné par Messrs, de l'accord et consentement du peuple, de non user en ceste ville de Monstreul des cervoises brassées au dehors d'icelle ville, et pour eviter aux fraudes et abus, que l'on a commis et pourroit commettre en ce contre ladicte ordonnance, il a esté et est ordonné et statué par lesdictz maire et eschevins, par meure deliberacion de conseil, que aucun aille ou envoye querre[1] cervoise au dehors de ladicte ville et banlieue, et aussy que aucun n'ameine ny apporte, envoye, ny face aporter ou envoier aucunes cervoises estranges, brassées au dehors de ladicte ville ou banlieu, à char ny à charrette, cheval ne autrement, sans avoir paié le droit de l'impost, quy est de cincq solz pour chacun baril, aux fermiers ou commis à recepvoir ledict impost ou qu'ilz ayent ferme dudict impost, ainçois que lesdictes cervoises soient conduites dedans les portes et fermeté de ladicte ville, sur peine pour chacune fois et pour chacun baril, fillettes, vaisseaux, potz et bouteilles, de LX solz parisis, à appliquer à ladicte ville, et aussy sur peyne et confiscation desdictz barilz de cervoises et char, charrettes et chevaux, quy les mene-

---

1. Chercher.

ront et conduiront, avec ce pugnition de prison des personnes quy feront le contraire de l'ordonnance desdictz majeur et eschevins.

EDITS GENERAUS AUX POIX ET MESURES

Ordonné est, que les commis ordonnez et sermentez sur les faits des edits de la ville, des informacions d'iceux et des amendes par eux rapportées, seront creu par leurs serment, de ce qu'ilz raporteront chacun en ce là où il est, et sera commis, et seront exécuté les transgresseurs des amendes ainsy rapportées par serment par les commis, comme des debtes de la ville suffisamment venues à cognoissance.

Aucuns ne aucunes bourgeois de la ville, ne hostager [1], ne soit sy hardy ne sy hardie, que de faire arrester bourgeois ne hostager de ceste ville, ny leurs biens hors de la ville et banlieue de ceste dicte ville, ny le traitter en aucune juridiction pour cas dont la congnoissance apartienne à la ville, sur l'amende de Lx solz parisis, sy ce n'est par la licence du majeur.

Tous ceux qui veullent gaigner, aporter et abroutter [2], aillent à l'eaue, sy on les y apelle, et tirent et portent les seilles pour un denier ou la valleur à chacun hors .... et ne soit aucunz sy hardy que de refuser sur peine d'estre au cep [3] un jour et une nuit; et sy vous commandons que si vous ailliés porter au premier quy vous appellera, pour le foer [4] accousturné, et sy vous ne le faites, vous serez pugny comme dessus est dit.

1. Hôtagier, tenancier.
2. Transporter dans une brouette.
3. Entraves aux pieds d'un prisonnier.
4. Prix.

Item, avons ordon   t ordonnons, que tous coquins et
aultres manieres de gens huisseux [1], servans les cabarestz et
cervoisiers, aillent chacun jour en la place au matin à soleil
levant ; et sy aucun les veult faire travailler, et avoir de cy
en avant pour xx deniers le jour jusques à la Sainct Remy,
qu'ilz ayllent manouvrer pour le premier sans le refuser, et
aussy de jour, s'ilz ne sont mis en oevre au matin à chacune
fois, que requis en seront, sur peine d'estre mis hors de la
ville et pugny de prison à l'ordonnance de la ville.

Aucuns, telz qu'ilz soient, quy vendent denrées, n'ayent
poix de plomb ny de cailloux, ains aient chacun pois de
cuivre livre, à peine de x solz, et les aultres à quantité , et sy
trop petites estoient, pour ce ne demeuroit point que la
livre ne fust à l'amende de lx solz, et les aultres à l'avenant ;
et ensemblement ayent chacun quy usera de peser, comme
dit est, bonnes balanches, justes et loyalles, et ne soient point
sur cloux taillant, qu'elles ne reviennent d'elles mesmes,
sur l'amende de lx solz, et les balanches estre rompues, et
aussy d'estre pugny de prison, à la volonté de Messeigneurs
majeur et eschevins.

Ordonné est par Messrs de la ville de Monstreul, qu'aucuns
marchans ne aultres, n'aillent contre les denrées au marchant
venans ou advenans en ladicte ville, pour icelles acheter,
sur lx solz d'amende.

Item, est ordonné que tous les pauvres ladres [2], quy viendront demander l'aumosne en la ville de Monstreul, en tous
temps s'assembleront à la porte du pont Rier, à viii heures
au matin et iront tous ensemble demander les aulmosnes,
lesquelles ilz partiront egallement l'un à l'aultre, et aprez se
partiront de ladicte ville à iii heures aprez midy ; et sy ne

---

1. Oisifs, *otiosi*.
2. Lépreux.

viendront en ceste ville, que ès jours quy leur sera ordonné, c'est assçavoir : le lundy, le mercredy et le vendredy, et leur deffend on qu'ilz ne manient aucune viande, leurs femmes ou maisnies, ny approchent près des maisons et huis des subjetz de ladicte ville, mais se tiennent au meillieu des rues, à peyne d'estre pugny de prison à la volonté de Messeigneurs.

Et sy leur commandons qu'ilz ne soient sy hardys d'entrer en la ville sans baguette, et ne hanter[1] aux lieux là où l'on vend denrées et vivres, à peine de prison, ne aussy ceux quy les servent et hantent, ne soient sy hardis de manier nulles viandes pour marchander ou acheter. Et deffendons à tous taverniers et aultres, où ilz prendent bruvage, qu'ilz ne baillent hanapes[2], nappes, ny autres choses, que depuis soient mises devant aultruy, sur l'amende de iii solz pour chacune fois, mais leur baillent le bruvage dans leurs vaisseaux.

Item est ordonné que aucuns cabaretiers, taverniers, ny aultres ny revendeurs [vendent ?] pain blanc, bennietz[3] plus grand paié qu'ilz les auront acheté sur v solz, et y a esgardz.

Nous, pour le bien et profit commun, et eschever toutes matieres de pertes, nous avons ordonné et ordonnons, que doresnavant jusques à nostre rappel, que personne ne soit sy hardy que d'abbattre et desmolir aucuns edifices, soit de charpenterie ou massonnerie, à l'entour de ses voisins, que premierement et avant toute oevre, lesdictz edifices n'ayent estés veuz par nos ouvriers sermentez ; et avec ce, que nulz ne face nouveau edifice sur place ou masures, que lesdictz ouvriers ne les ayent veuz auparavant, et que les seigneurs

1. Fréquenter.
2. Vases à boire, gobelet.
3. Beignets.

ne soient appelez avec lesdictz ouvriers, sur peine de xx solz pour chacune fois applicquable à la ville.

Item est ordonné que aucuns de quelque estat qu'ilz soient, ne portent aucuns grains pour faire monstre ès marchés de la ville, ains portent tout ledict grain audict marché, sur peine de x solz d'amende pour chacune fois et estre pugny à la volonté de la ville.

Pour ce qui est venu à nostre cognoissance, que aucuns testamens, par cy-devant faitz en ceste ville et banlieue, ont esté recollez[1] sans estre venus à la cognoissance de justice, en telle maniere que enflans mineurs d'ans, eglises et hospitaux ou aultres, ausquelz estoient faictz dons et legatz en iceux testamens, ont estez endommagiés, et par ainsy les volontés des trespassez aneantis et fraudées, dont aussy pouvoit ensuivir prejudice à ladicte ville, quy doit avoir regard sur le faict desdicts mineurs d'ans, hospitaux et eglises ; nous, par meure deliberacion de conseil, pour à ce obvier et pour le bien commun, avons ordonné et ordonnons, que tous executeurs denommez ès testamens, quy doresnavant seront faitz en ladicte ville et banlieue ou les heritiers, ayans cause ou occupans les biens des testateurs trespassez ou aultres, quy auront lesdicts testamens, soient tenus d'aporter devers nous et le clerc sermenté de ladicte ville, lesdictz testamens, pour iceux enregistrer par ledict clerc au registre de ladicte ville, lequel clerc sera tenu de ce faire, par prendant pour chacun testament xii deniers tant seulement, à laquelle diligence lesdictz executeurs, heritiers, ayans cause ou biens tenans desdictz trespassez ou ayans lesdictz testamens, seront tenus de faire par dedans six sepmaines aprez les trespas desdictz testateurs, à peine de cent solz parisis, applicable à ladicte ville.

1. Transcrits.

Item, pour obvier questions et difficultez quy sont meues et se pourroient encore mouvoir et sourdre[1] cy-aprez, il est ordonné que si aucuns varletz, meschines[2], ou aultres serviteurs quelconques, veullent faire poursuitte ou demande de leurs loyers, sallaires ou labeurs allencontre de leurs maistres, ou ceux ausquelz ilz auront servy et labouré demeurans en ladicte ville ou banlieue, ilz seront tenus de ce faire en dedans trois ans ensuivant les services faitz et loyers deservis, dont ilz voudront faire question ; et s'ilz attendent plus longuement à ce faire, ilz ne seront poinct receus et n'auront cause au regard desdicts loyers et services desservis auparavant lesdictz trois ans, s'il n'est ainsy que par tesmoignage de lettre ou par conte, fait present gens, ilz facent apparoir de ieur deub.

Item, avons deffendu et deffendons que aucun ne soit sy hardy de nuict ne de jour, hurter[3] ou buquer desordonneement aux huis, fenestres ou maisons des subjetz et habitans de la ville, ne l'ouvrir de force ou abatre lesdictz huis et fenestres, sur peine et amende pour chacune fois que ce seroit faict, au regard de chacun des faiseurs, de cent solz parisis ou d'estre banny de ceste ville ou aultrement estre pugny de prison et d'amende arbitraire, à l'ordonnance de Messrs, selon la grieveté et qualité du fait advenu.

Pour ce qu'il est venu à la cognoissance de Messeigneurs mayeur et eschevins de ceste ville de Monstreul, que plusieurs bourgeois, manans et habitans de ceste dicte ville, ayans vins de boissons, en usent mal et en vendent et baillent pour argent, en y prendant proffit ou aultrement, les aucuns publicquement et les aultres secrettement, et par voyes obliques en plusieurs diverses manieres sans affoirer

1. Surgir.
2. Servantes.
3. Frapper.

iceux vins, ne prendre licence de les vendre ausdictz majeur
et eschevins, et ne vouloir paier le droit de l'impost ordonné
de très bon et ancien temps sur les vins vendus en ladite
ville, au grand prejudice du bien commun d'icelle, dont
plusieurs doleances et plaintes sont venues ausdictz majeur
et eschevins, ilz ont ordonné et ordonnent pour ledict bien
commun de ladicte ville, en ensuivant lesdictes anciennes
ordonnances et status, que sy aucuns des bourgeois manans
et habitans [vendans] vin de boisson veult vendre partie d'iceux
vins, que premierement, et ainçois qu'ilz en puist vendre
publiquement, secrettement, ny aultrement en quelque
maniere, il soit tenu d'en apporter à l'esgard ausdictz
majeur et eschevins et requerre le pris pour le vendre en
paiant à ladicte ville le droit de l'impost et aultres droitz,
selon que font les taverniers de ladicte ville, sur peine et
amende de soixante solz parisis et de pugnition de prison,
à l'ordonnance desdictz majeur et eschevins, pour chacune
fois que on fera le contraire; sy interdisent et deffendent
lesdictz majeur et eschevins, sur les peines dessus dictes et
aultres quy s'ensuivent, ausditz bourgeois, manans et
habitans, que en leurs maisons, à leurs tables, dehors ny
aultrement en quelconque maniere, ilz ne vendent, baillent
ny distribuent à aultruy, de leurs vins de boisson pour
argent à quelque pris que ce soit, ny pour recompensation
de vin, pour vin publicquement ne secrettement, que premierement il ne soit esgardé et que pris n'y soit constitué
par la maniere dicte; et declarent et ordonnent lesdictz
majeur et eschevins par cest edit et statu, pour pourvoir aux
frauldes quy en temps passé se sont faites et font de jour
en jour au prejudice de ladicte ville, touchans lesdictz vins
de boissons, que sy aucuns desdictz bourgeois, manans et
habitans, sont trouvez faisant le contraire, et que desdictz
vins de boissons, ilz ayent vendus sans licence desdictz
majeur et eschevins, ny en [ayent] baillé et distribué pour argent

à quelque pris que ce soit, ou pour recompensation d'aultre vin, pour le temps passé ou advenir, lot, demy lot, ne aultres quantité, ilz perdront la franchise d'avoir vin de boisson pour ledict an, et paieront les droitz de l'impost de foraige et aultres droitz deus à ladicte ville, de tout le vin qu'ilz auront eu ou auront, pour l'année en laquelle ilz seront ainsy trouvez en faulte, avec les amendes de soixante solz parisis, pour chacune fois qu'ilz auront vendu et distribué desdictz vins au contraire de ceste ordonnance, par la maniere dite ; et pour sçavoir la verité de ce que dit est, lesdictz majeur et eschevins, ont ordonné et ordonnent que lesdicts bourgeois, manans et habitans, leurs femmes, familliers et serviteurs seront plusieurs fois l'an et touttesfois qu'il plaira ausdictz majeur et eschevins, interrogés par serment sollennel sur la maniere de la distribution desdictz vins de boisson ; et seront lesdictz bourgeois, manans et habitans, leurs femmes, serviteurs et familiers, tenus de comparoir en l'eschevinage de la dite ville ou ailleurs, et illec respondre et dire par serment verité sur les interrogations, touttes fois que par lesdictz majeur et eschevins ilz seront pour ce mandés, sommez et requis, ou cas touteffois que le premier de la dicte ville veulle prendre droit par lesdictz sermens, sans aultrement verifier ou prouver les cas, pour lesquelz lesdictz bourgeois, manans et habitans seront attrais ou poursuis; et se aucuns desdictz habitans veult avoir vins de boisson ensemble, avoir le pourront pour en user sans fraude, jusques à deux mesnages, et non plus, pourveu qu'à la venue des vins, et ainçois qu'ilz soient deschargez du char ou mis en cellier, ceux à quy seront lesdictz vins, seront tenus de declarer à quy seront lesdicts vins aux commis de ladicte ville, pour en faire registre ; et se ainsy n'est fait, le vin sera reputé estre à celluy auquel ledict vin sera dans la maison ou scellier, lequel ne pourra user dudict vin, sinon par la maniere dicte ; et encores pour mieux remedier ausdictes fraudes, lesdictz majeur et eschevins, pourront touttes fois qu'il leur plaira, faire taire par eux ou leurs commis, les restes desdicts vins de boissons comme on fait des vins .... de la dite ville, et ceux quy voudront avoir et auront boisson deux mesnages ensembles, ne pourront pour l'année changer ladicte société, ny prendre aultre compaignie durant ledict an, sur les peines dessus dites.

Pour ce qu'il est venu à cognoissance que aucuns bourgeois, manans et habitans de ceste ville se sont avancez et avancent d'aller ou envoier allencontre des denrées et marchandises de grains, vins, grasses bestes, pourcheaux, moutons, cuirs, chevaux, mercheries et aultres denrées et marchandise, que l'on ameine et quy doivent venir en ceste ville, pour y estre vendues ou distribuées, par quoy lesdictes denrées et marchandises en rencherissent, au moins n'en peuvent avoir et acheter ceux de la ville et aultres, comme s'ilz venoient en la ville et estoient exposez en vente au marché ou aultres lieux accoustumez, au prejudice des subjetz et de la chose publique; et aussy vont aucunes fois allencontre des dictes denrées au dehors de la banlieue de ladicte ville, et les y achetent pour eviter et extordre les impositions et aultres droitz ayans cours en ladicte ville; et mesmement aucunes fois les bourgeois, manans et habitans ou aultres, quy ont en ladicte ville et banlieue denrées, chevaux, betail ou marchandises, quand ilz les veullent vendre ou qu'ilz ont pourparlé leur marché et contrat en ladicte ville, ilz les vont conclure et parfaire ou livrer leurs dites marchandises au dehors de ladicte banlieue, en defraudant [1] lesdictes impositions et aultres droitz ayans cours en ladicte ville, ou pour eviter le paiement d'iceulx,

---

1. Tromper, frauder.

mesdictz seigneurs ont ordonné et statué, que aucun ne
soit sy hardy d'aller ou envoyer allencontre desdictes denrées
et marchandises venans vers Monstreul, ou qui doivent
venir en ladicte ville, ne les marchandent ny achetent, sinon
dans ladicte ville et ès lieux et places qu'il apartient ou
accoustumées, sur peine et amende de LX soiz parisis et
d'estre pugny de prison et aultrement, à l'ordonnance de
mesditz seigneurs ; et ceux quy feront le contraire ou feront
faire, paieront les impositions et aultres droitz ayans cours
en icelle, comme s'ilz estoient vendues ou achetez.

Item, ont aussy ordonné et statué, que aucuns ne aille
vendre leurs denrées ou marchandises, qu'ilz ont en ladicte
ville ou y amené pour vendre ou parparlé ou marchandise[1]
pour ce faire, et qu'ilz n'aillent conclure leurs marchez et
livrer lesdictes choses et denrées au dehors de ladicte ville
et banlieue, pour eviter le droict de l'impost et aultres
droitz ayans cours en ladicte ville, sur ladicte peine et
amende de LX solz parisis, pour chacune fois, que ce seroit
faict au contraire et d'estre pugny de prison comme dessus,
et avec ce, de paier lesdictz droitz et impositions, comme sy
lesdictes choses et denrées estoient vendues et livrées en
ladicte ville.

DES FUMIERS ET ORDURES

Aucuns ne face fiens[2] ny ordure en la chaussée de Noeufville, ny entre la chappelle et le pont Rier, à peyne de
v solz; ains quy les voudra mener ou porter aux marestz,

1. Pourparlé en marchandise.
2. Fiente, fumier.

sy les y porte entre etaques[1] pour ce ordonné contre les
mollins d'en hault, sur ladicte amende.

Aucuns ne mette fiens, ordure ny ramonures[2] dans les rues
foraines, ny aultre, sur v solz, et [se] vous avez maisnies,
sachiés que s'il y en font, vous serez tenus de l'amender ; et
s'il fault aucunes mises pour wider lesdictz fumiers, ordures,
vous serés tenus de les paier.

Aucuns ne jette eaues ny ordures par les fenestres, sur
v solz.

Item que chacun nettoye devant sa maison chacune sepmaine sur iii solz ; et sy personne ne face avaller ou aller
faire ses dictes ordures par devant la porte d'autruy sur
ladicte amende.

Aucuns ne prende mise dont on boive ? plus de xii deniers,
sy ce n'est par l'accord des parties, à peine lx solz.

Item, ordonnons que tous les beneaux[3] quy meneront
ordures ou fiens hors de la ville, gardez bien que lesdictz
fiens ou ordures tombent par derriere dans les rues, sur
v solz d'amende.

Aucun ne laisse mairien, charette, beneau, ny tonnel[4]
dans les rues ny en chemin, à peine de xii deniers pour la
charrette, et le mairien et le tonnel perdus ; et sy quelque
charette demeuroit chargée, y fault mettre lanterne ardante
aprez la cloche sonnée, et garde aprez jusques au jour.

Aucun ne tire cousteau, jaçoit[5] qu'il n'en frappe personne,
sur lx solz d'amende.

Item avons ordonné, que pour eschever et eviter les
inconveniens, quy peuvent avenir par le moien des immon-

---

1. Pieux.
2. Balayures.
3. Tombereaux.
4. Tonneaux.
5. Quoique.

dices, quy ordinairement sont mis de jour en jour, tant ès fossez de la vielle fermeté [1] de ladicte ville, comme en plusieurs lieux d'icelle, que doresnavant tous ceux quy auront chevaux, vaches, veaux, brebis et aultres bestes, soient tenus d'icelles immondices et fiens porter ou faire porter à leurs despens, hors de ladicte ville, sur peyne et amende de x solz applicable à ladicte ville.

ORDONNANCE POUR LES COUVERTURES DES MAISONS ET EDIFICES DE LA VILLE

Il est ordonné par Messieurs majeur et eschevins de la ville de Monstreul, que aucune personne de quelque estat qu'il soit, ne face couvrir maison quy de nouveau sera faite et edifiée en la fermeté et closture de ladicte ville, d'estrain [2], d'herbe, ny d'aultre couverture que d'esteulle [3] ou meilleur, sur peyne de les faire desmollir et abbattre, avec aultre pugnition, à l'ordonnance de mesditz seigneurs.

DES COUSTUMIERS [4]

Aucun ne soit si hardy, qui faulse coustume prend ou demande sur LX solz ; et vous heritier, quy avés aucunes

1. Forteresse.
2. Paille, chaume.
3. Chaume.
4. Celui qui lève le droit appelé coustume.

coustumes en ceste ville, amenez devant le majeur les personnes que vous voudrez, quy les coeullent pour faire ledict le serment, et estre ad ce par Messieurs commis et estably ; et se aultre le coeullont ou demandont, que ceux quy establys y seroit il seroit à l'amende de ix solz de chacune fois.

Aucun ne soit sy hardy quy face poste, conspiration, monopolle ne commune, sur tout ce que on peut meffaire à ladicte ville.

Aucun ne refuse à bailler gaige au sergent du majeur, ny s'efforce contre icelluy, à peyne de ix solz.

Tous ceux quy sont de commune, ayent leurs armes prestes et apprestées, sur ix solz, et aucuns ne soit sy hardis que de les vendre et prester sur tout ce qu'il peut faire.

Aucuns, se n'est par le majeur, ne vende ny preste ses armes sur ix solz, et face chacun les commandemens de ses prevostz de ce qu'il apartient à sa prevosté.

Sy aucuns entend crier son juré commun et il ne luy aide, il est au meffait de la ville de ix solz ; et chacun quy l'entend crier pour bataille ou meslée, y aille pour prendre et tenir les malfaiteurs, sur ix solz, et face chacun tant que justice soit obey.

Le maire et eschevins, ont ordonné pour le peril du feu, que chacun quy faire le pourroi, ait chaudron ou sceau et le porte plain d'eaue, quand on crie au feu ; car quy ne fera, seroit à l'amende de v solz, et le fera on enquerre[1] par vos prevostz ; et vous commandons, que chacun quy a coing sur rue, et quy faire le peut, ayt lanterne pour allumer par nuict et eschelle.

Item, seront tenus tous les brasseurs et boullengers d'envoyer à tous leurs seilles, leurs varletz au feu, sy ainsy estoit, et auront les varletz pour la seille ii solz, pourveu qu'ilz ne partent du feu sans la licence du majeur ; et s'ilz

1. Chercher.

font le contraire, ilz en seront pugny à la volonté de mesditz seigneurs majeur et eschevins.

Item, vous bouchers, charpentiers, coppeurs de laignes et boquillons, quy ne serez du gued de nuict, sy tost que vous aurés[1] crier au feu ou sonner la cloche, vous serés tenuz d'aller audict feu avec voz coignées, pour abbattre et faire ce que pourrés, sur peine et amende de v solz ; et sy aucuns estoient blessez audict feu, la ville sera tenue de le faire guarir.

Nous deffendons à tous, quy ont offices à la ville, sur quelconque estat ou mestier que ce soit, qu'il ne s'entremettent de faire et user de leurs dictz offices, jusques à tant qu'ilz auront fait serment de nouveau par devers nous et pour ce faire, soient demain au plaid.

Aucuns ne soit sy hardy quy ait la ville fort jurée[2], pour que ce soit et quy demeure en la ville ou en la banlieue, car on le mettroit huit jours au beffroy aux aigneaux ; et sy on les attaignoit et aprez au pillory ; et puis les feroit on fort jurer la ville, à la croix, x ans et x jours, et s'il y estoit atteins depuis, il perdroit membre, et sy fourjuroit[3] la ville un an et un jour sans rachapt.

Aucuns n'aille dans le jardin d'autruy, ny en autre enclos, sy ce n'est par le gré de celluy à quy il apartiendra, sur x solz ; et sy aucune chose on en oste ou emporte comme pommes, poires, porées, raisins, celuy quy le fera, avec ladicte amende sera pugny par Messeigneurs selon l'exigence du cas, et restituera le dommaige avant qu'il parte de la prison, de quoy celluy à quy sera ledict jardin ou enclos, sera creu à son serment.

---

1. Orrez, entendrez.
2. Fort jurer, renoncer par serment à quelque chose.
3. Même mot et même sens que forjurer.

Aucun ne soit sy hardy quy aura jardin de prendre gaige, mais se plaindre au majeur.

Aucuns n'aille en aultruy gaignage[1], car quy atteint en seroit par un tesmoing, il sera convaincu de la loy, ny esconduit qu'il en feit depuis ne luy voudroit.

Aucuns n'ait que un estal, et au un pecoulz[2], sur v solz.

Chacun doit oster son estal de nuict, car sy on le trouve, on les habandonne.

Quand il fait sec temps, mettez de l'eaue à voz portes sy on le fait crier, car aultrement serés à l'amende de v solz.

On ne commande point de prester à usures; ains aucuns ne soit sy hardy que de prester plus hault que l'ordonnance du roy, car ceux quy en seront atteint, seront à LX solz.

Aucuns ne soit sy hardy ne sy hardy *(sic)* d'acheter gaiges en rachapt plus hault de II deniers la livre, sy ce ne sont les gaiges du Roy, de la ville ou de vicomté; et ce faire accumuler sepmaine sur sepmaine, sur l'amende de LX solz.

Aucuns ne soit sy hardy quy defferme[3] les guihalles du marché, de faire villannie ny ordure, et ne aille jouer dedans, sur l'amende de v solz.

Item, nous deffendons, que nulz ne tienne en sa maison, plus de quatre livres et demie, pour vendre, acheter ou delivrer aucunes denrées ou marchandises à aultruy, mais aille peser aux poix sur ce ordonné, à peyne de LX solz parisis d'amende, aplicable à la ville et auront les rapporteurs x solz.

Aucuns ne face ordure sur les allées, ny ès tours de la ville, sur l'amende de v solz; et y a on mis esgard, quy

1. Propriété, domaine.
2. Pieds.
3. Ouvrir.

auront xii deniers de chacune amende, et y peut chacun prendre.

Aucuns ne soit sy hardy que donner chair de cheval, de vache, ne aultre charrongne à porcq sur lx solz.

Aucuns n'éberge mezel[1] ne mezelle, ny les asseoir à boire ny à manger en sa maison, sur lx solz, et ne vienne en la ville, quy n'aient chacun vestu une houche[2] de thoille ou de drap, mais demeurent aux portes, car s'il sont trouvés faisans aultrement, il en seront pugny.

Sy on oit[3] aucune noise, bataille ou meslée, on commande à tous ceux quy demeurent prez, que tantost il se traient aux portes et les ferment, et quy plus tost l'entend y aille, sur l'amende de lx solz.

On commande à tous ceux quy vaillant[4] lx livres tournois, que chacun ait une eschelle à sa maison pour porter au feu, sy mestier est.

Sachiés bien, que entre vous combatant, se aucuns est quy ait eu villennie de son corps, ou que on luy ait dit, et il le recelloit, et qu'il ne le feit sçavoir au majeur, il seroit à lx solz; et pour ce ne demeuroit point que les maires ne s'enquist de la dicte villennie et en leveroit l'amende, et se aulcuns se clamoit de villennie qu'on luy eust faict, il luy conviendroit jurer qu'il nommeroit ses tesmoings à l'heure mesme.

Vous qui faites adjourner ou quy estes adjourné devant le majeur, sy vous ne faites diligence tantost aprez le dernier coup de la cloche, le demandeur aura deffault et le deffendeur congé, et aurés entre le premier coup et la derniere demy-heure, franchement.

1. Lépreux.
2. Housse.
3. Entendre.
4. Valent.

Ordonné est, sy aucun fait convenir aultre en jugement par adjournement ou aultrement, que le demandeur soit en diligence [de] persecution ; et en cas qu'il ne clamera ou laissera prendre congé de court ou aultre exploit contre luy, il rendroit à sa partie adverse ses despens du jour raisonnablement, à l'ordonnance de majeur et eschevins.

Pour les oubliances et pour les debatz des gens quy sont mortelz, pour oster plais et tenchons [1], le maire et le conseil ont ordonné un escrit là où on met les convenances [2] et le relevement d'heritage, quand on soullait oublier des ventes, dons et convenances d'heritages ou viage [3].

Et vous, de qui on tient les heritages en la ville et en la banlieue, on vous deffend que vous, homme ne femme, ne reviennent à tenant par raison d'achapt, ny de don d'heritages, que on tienne de vous, devant que le maire vous aura faict tesmoigner, que les dons ou la vente seront faites et passée bien et suffisamment par la loy de la ville, sur v solz.

Quiconques vend ou vendera heritages, viages, ou fera aucuns louages, il declare la charge dont les heritages qu'il vendra ou louera seront chargez, à ceux qu'il les loueront ou acheteront, sur l'amende de lx solz parisis, et estre tenus prisonniers jusques à la volonté de Messieurs majeur et eschevins.

Il est ordonné et statué, que en ensuivant raison, et comme il est accoustumé en aultres villes et ès fermes des princes, que se aucun ou aucuns mettent à pris aucunes fermes à plus hault pris qu'elles n'ont esté la derniere année passée, les mettant à pris, seront tenus de paier le surplus par prinse de corps et de biens ; et sy seront les fermes retirées sur ledict pris, auquel il les auront mis pour les recoeuillir par

1. Disputes.
2. Contrats, actes.
3. Usufruit.

la main de la ville, se ceux quy les auront ainsy mis à pris,
ne baille suffisante caution ; et sy aucuns rencherissent les
fermes, et ilz ne tiennent caution suffisante au lot du conseil
de la ville, ilz paieront la folle renchere au proffit de ladicte
ville, et demeura la ferme à celuy ou ceux quy par avant
l'auront renchery ou mis à pris, sur peine de paier la folle
renchere comme dessus est dit, s'ilz ne trouvent ladicte
caution, et ainsy en ensuivant au dessous de ceux quy les
auront rencheris et mis à pris.

Quiconques achete heritage, il le face signifier au seigneur de quy il est ou sont tenu, pardedans les prochains
plais aprez la vendition faite ; et le seigneur de ce signifier en
la ville et banlieue, aura XII deniers tant seullement, supposé
que en la vendition eust plusieurs tenemens.

Pour ce que le Roy ne veut point que le seigneur des
terres perdent leurs droitures [1], on vous commande que
aucuns ne soit sy hardy, quy à abbaye, à prebstre ne à clerc,
vende heritage qui vienne en morte main, ne aucuns sires ne
les en raveste [2], par raison de vente, d'aumosne, de don, ny
d'eschange, sy ce n'est par le majeur, quy cest command [3]
trespasseront, tout ce qu'il auroit demeuroit en la mercy de
la ville ; et sy aucune chose a esté mise en morte main puis
XXX ans, et on le rapporte au majeur, le maire y mettra la
main et le saisira, et demoura à la volonté de ladicte ville.

Sy aucuns ne veult faire pour le majeur et pour les eschevins, et soit rebelle à la ville, et n'est pour honte de corps et
pour son heritage gardé puis que on l'auroit sommé, il luy
conviendroit racheter .... tout de nouveau et paier ses
arrierages, ainçois qu'il vint à l'amour de la ville ; et pour
ce ne demeuroit point qu'il ne paiat l'amende de LX solz
pour lesdictz arrierages.

1. Droits.
2. Revête.
3. Ce commandement.

Aucuns charpentiers, massons ne aultres manouvriers ne soit sy hardy, que depuis qu'il aura pris et commencé à ouvrer et faire oeuvre en tasche ou aultrement, et qu'il aille ouvrer à aultruy devant qu'il ait parfait ce qu'il aura commencé, sy ce n'est par le congé d'icelluy, à qui il auroit fait marché, ou par deffault de matiere ou de paiement, à peine de v solz.

Item est ordonné par Messeigneurs majeur et eschevins, par meure deliberacion, que doresnavant, sy aulcuns est appellé aux droietz de la ville pour aucun delict ou malefice, qu'il avt fait en la juridiction et seigneurie de la ville, ou pour bailler asseurance, et il se laisse mettre en deffault de iie, xve, ou d'aucune tierchaine ou xve, il paiera à la ville pour chacune iiie et xve v solz.

Item est ordonné comme dessus que le maire aura [de] chacun deffault quy escherra devant luy, iii solz d'amende et non plus.

Item est ordonné comme dessus, que doresnavant jusques à nostre rappel, on ne fera pour une debte, dont commandement sera receu, que un ratraict sur lequel on fera deduction aux debteurs qu'ilz aient paié ce dont il auront receu ledict commandement dedans vii jours et vii nuietz ou aultre terme, sur l'amende de v solz.

Item nous deffendons que nulz ne tienne p..................

Item nul ne peut ou pourra avoir ledict poix de quatre livres et demy ny au dessous pour vendre, acheter ou delivrer lesdictes marchandises, ne avoir icelle franchise, sy premierement il n'a paié iiii deniers parisis à la gueulde marchande.

Item et pour ce qu'il est venu à nostre cognoissance que aucuns en defraudant l'intention et effect de nosdicts ordonnances et status, quand ilz vendent, achetent ou delivrent cires, cierges, chandeilles, alun, bourres, estains, plomb et aultres denrées et marchandises, montans à plus grand poix de quatre livres et demie, ilz les pesent, delivrent ou feindent vendre ou delivrer en leurs maisons, à leurs propres poix à plus... es fois, pour chacune fois quatre livres et demie ou au ...ous, sous umbre de ce qu'ilz ont paié lesdietz iiii deniers, sans les aller peser ne livrer auxdietz poix sur ce ordonné, nous deffendons que aucun ne soit sy hardy de ce faire, ne aultrement y commettre fraude sur ladicte amende de ix solz.

Item, et avec ce ordonnons, que lesdictes denrées et marchandises que l'on a accoustumé et qu'il apartient estre livrées à poix au dessous desdictes quatre livres et demy, et aussy au dessous, au regard de ceux quy n'auroient paié lesdietz iiii deniers, soient pesées et livrées au poix appartenant à ladicte gueulde sur ce ordonné, sans ce que les marchans vendeurs les puissent par le consentement des acheteurs et aultrement livrer, sur pareille amende de ix solz, pour chacune fois que sera fait au contraire.

On habandonne les anettes du flos et les canards aussy.

Fin

TABLE DES MATIÈRES

TABLE DES NOMS DE LIEUX

TABLE DES NOMS DE PERSONNES